ネット文化資源の読み方・作り方

図書館・自治体・研究者必携ガイド

岡田一祐
OKADA Kazuhiro
国文学研究資料館古典籍共同研究事業センター特任助教

文学通信

装丁＝岡田圭介（文学通信）

目次

CONTENTS

はじめに…9

☞タグによる本書の歩き方 MAP…14

2015

第1回
インターネット上でほとんど利用することが
できなかった本文と索引の公開…19
――『笠間索引叢刊』の一部が国文学研究資料館で公開に

第2回
日本文化研究で小規模デジタル・アーカイブズをどう使うか…24
――TRC-ADEAC のアーカイブ追加から考える

第3回
一個人の草稿類アーカイブの公開…29
――丸山眞男文庫草稿類デジタル・アーカイブ

第4回
クラウド・ソーシングを利用したデータ整備…34
――「アジアにおける稲作と人口：日本の稲作（1883-1954）」

第5回
英語による学術情報・資源の発信…39
――人間文化研究機構「English Resource Guide for Japanese Studies and Humanities in Japan」をもとに

第6回
蔵書目録があるデジタル・ライブラリー…43
――九州大学附属図書館細川文庫のデジタル公開と蔵書目録

第7回
資料を世界につなぐということ…47
――ウィキメディア・プロジェクトからの思いめぐらし

第8回
変体仮名の Unicode 登録作業がはじまった…52

第**9**回
日本語古典籍のオープン・データセット……56
――「国文研古典籍データセット（第0.1版）」の公開

|2016

第**10**回
コレクション共有から拡がる展覧会、展覧会から拡がるコレクション共有…63
――アムステルダム国立美術館で Breitner: Meisje in kimono 展が開催

第**11**回
日本の古文献手書き文字をアプリで学ぶ…67
――「変体仮名あぷり」「くずし字学習支援アプリ KuLA（クーラ）」「木簡・くずし字解読システム―MOJIZO―」

第**12**回
そのデータに住所はあるのか…74
――利用者がどう参照できるかを意識して考える

第**13**回
データの公開は他者との交流の手はじめ…78
――リンクト・データをどう活用していくか

第**14**回
文字データベースの現在…83
――「『和翰名苑』仮名字体データベース」公開から考える

第**15**回
書誌書影・全文影像データベース…89
――宮内庁書陵部収蔵漢籍集覧

第**16**回
オープン・サイエンスという流れを前にして…93
――日本学におけるデータ共有を考える

第**17**回
デジタルで「古典日本文化」をどう学ぶか…97
――慶應義塾大学× FutureLearn「古典籍を通じて見る日本文化」

第**18**回
どうすればデータ分析やビジュアライゼーションをしやすい
データを作ることができるか…101
──「近代書物流通マップ」に寄せて

第**19**回
市民がウィキペディアにかかわるということ…105
──ウィキペディアキャンパス in 北大

第**20**回
国文学研究資料館のデータベース利用規程改定…109
──古典籍画像データが一挙にオープンに

第**21**回
参加者と開催者として見た国文研アイディアソン…113

|2017

第**22**回
ボランティアとのコラボレーションの方法…119
──「みんなで翻刻」リリースに寄せて

第**23**回
Data on the Web Best Practices を読む…124
──W3C が公開した Web でのデータの出し方・使い方

第**24**回
権利の切れた画像資料のオープン・データ化…128
──大阪市立図書館デジタルアーカイブ

第**25**回
無償かつオープンソースライセンスで公開されたフォント…132
──Adobe・Google の中日韓対応明朝体フォント

第**26**回
コンピューターを通して解釈するということ…137
──*Hermeneutica: Computer-assisted interpretation in the Humanities* を読む

目次　　7

第**27**回
そこに橋はあるか…141
──いまどきのデジタル日本学への入門を考える

第**28**回
郷土資料と驚異の部屋…145
──船橋市西図書館「デジタルミュージアム」から考える

第**29**回
論文の投稿版をネット公開できるサービス…149
──その歴史と文化、強みを考える

第**30**回
伝統ある電子図書館の新体制への移行…153
──京都大学電子図書館貴重資料画像データベース

第**31**回
自由をうたって 20 年、そしてさらに未来へ…157
──青空文庫 20 周年記念シンポジウム印象記

第**32**回
Curation API の未来と、IIIF…162
──人文学オープンデータ共同利用センターのふたつのデータセット

第**33**回
研究を助けるプログラミングをどう学ぶか…167
──『言語研究のためのプログラミング入門』に寄せて

2018

第**34**回
国立国会図書館オンラインが公開…173
──地味な変化だが、使い勝手の向上が随所に施されている

第**35**回
Digital Humanities Awards がやってきた…177
──2017 年の出場作品に学ぶ

第36回
デジタル・アーカイブと差別…181
──情報の偏在について公器としてのアーカイブはどう考えるのか

第37回
メタ人文学としてのデジタル人文学という場…184
──「2018 Spring Tokyo Digital History Symposium」ツイートまとめを読んで

第38回
IIIF を採用したふたつのアーカイブ…188
──島根大学附属図書館デジタル・アーカイブと近畿大学貴重資料デジタル・アーカイブ

第39回
明治 150 年記念事業と公文書館…192
──国立公文書館「明治期公文書等デジタル化画像特設ページ」

第40回
画像への注釈やリンクが容易になる未来に…195
──国立歴史民俗博物館の khirin と『聆涛閣集古帖』

第41回
研究基盤のかたちとしてのデータセット…199
──「漢字字体規範史データセット」の公開

第42回
IIIF のメタデータ充実をどう模索していくか…204
──IIIF Discovery in Japan の開始

第43回
国立国会図書館に入っていない教科書を公開…208
──国立教育政策研究所教育図書館のデジタル・アーカイブ

第44回
コレクションをどう見せていくか…212
──デジタル・コレクションの位置づけを考える道筋

第45回
文字自動認識研究のデータセット…216
──「KMNIST データセット」と「日本古典籍くずし字データセット」

【付録】
パスファインダー…221

初出一覧…227

索引…229

デジタル日本学なるもの…233
──後書きに代えて

はじめに

■文化資源をコレクションする

　この世には残せないものがたくさんあります。

　遠い世のことはひとまずおくとしても、私たちは次の世代に渡せずに潰えてしまうものを多々見送ってきました。それでも、私たちは伝わってきたもの、残してゆくべきものをさらに次世代に残すべく、蔵や、あるいは図書館や博物館などの施設を作って大事にしてきました。私たちが残すものが私たちそのものだからです。

　また、残すつもりなく残っていたものが思いもよらぬ価値を示すこともままあることでしょう。縄文人の貝塚、敦煌の莫高窟の経文、木簡の文字、いずれも残したひとびとには無用の長物となったものが後世の人間には宝の山と成り代わったものです。そこまでゆかずとも、昔撮った家族との写真の風景が、いまはない風景を切り取っていて貴重だという話もよく聞かれるところです。そこでの価値とは、市場の評価価格とはまた違い、残されたものから私たちが受ける恩恵のことです。貝塚も、莫高窟の経文も、各地の木簡も、血のつながりやことばの壁を越えて、時を超えて同じところを行き交うひとびとの息遣いを伝えてくれる点で、当時は思いも及ばない理由で、いまでは大金をはたいても二度と作り出すことのできない遺産となりました。敦煌の莫高窟から、文字に関することだけでも、どれほど多くのことを読み解けるのか解き明かしてくれる好編に藤枝晃『文字の文化史』があります。

　もちろん、これらほどの遺産であればほこり一つ残すことさえも容認され得るのでしょうが、ほとんどの場面ではそのようなことは現実的ではなく、なんらかの処分を決しなければならないときのほうが多

くなるでしょう。ではなにをどのように残していけばよいのでしょうか。単純明快な解ではありませんが、こと文化に関するものである限り、集まったものが意味を織りなすひとつの、あるいは重なり合うコレクションとして次の世代へと渡すことが重要ではないでしょうか。

本書は、そのなかでも、インターネット環境において文化資源のコレクションをバーチャル空間に作り上げる営み（ネット文化資源と呼ぶことにします）について注目し、変わりゆく社会のなかで資源を読み解き、あるいは織りなすことを論じてみたいと思います。ここでは特に、インターネット上にある文化資源の総体というよりも、個々の、漠然とはしていたとしても、ある程度まとまりのある資源の集まりに着目したいと思います。

■本書の歩き方

本書は、もと『人文情報学月報』（人文情報学月報編集室発行）というメールマガジンでの連載を書籍の形態に編集したものです。本書を編み直すにあたり、各回にタグを付しています。

ここでは、本書の題でもあるネット文化資源の「読み方」・「作り方」について概観します。タグがあるところは連載中に関連の記述がありますので、くわしい内容については興味の湧いたタグから探してみてください。ここで触れられていないタグもありますので、索引から、あるいはタグ伝いに発見してみてください。

■ネット文化資源の読み方

ネット文化資源を読み解くうえで、デジタルと人文学との接点を模索する＃デジタル人文学は重要な取り組みです。そこでは、既存の人文学が展開してきた思考を、デジタルの環境で発展させ、あるいは更新するためのさまざまな＃研究方法が試されています。情報学で試みられてきたような＃量的な手法、たとえば＃ビジュアライゼーションや＃地理情報システム、＃機械学習などを工夫して、新しい

知見を得ようということもそのひとつです。

　そのような新展開は、データ化された#**文化資源**によって支えられており、これらのデータを確実かつ容易に扱えるようにするために、#**メタ情報**（データを説明する情報）を適切に設計することが重要とされています。メタ情報をインターネット上で扱う方法として、#**リンクト・データ**は有力な手法のひとつであり、#**Dublin Core**や#**DBPedia**など、リンクト・データを便利にしてくれるものがすでに大量に整備されています。また、#**オープン・データ**として自由にデータを使えるようにしたり、#**データセット**として扱いやすい形式にしたりするなどして、さらなる展開を促そうという動きもあります。

　ネット文化資源を活用した#**研究資源**を作り、また公開する手段として、コンピューター処理を意図し、統計的に要約するビジュアライゼーションなどに加え、ネット環境を活用して、現物をそのまま生かす#**デジタル・キュレーション**などの手法も注目を集めています。

　ネット文化資源を読み解くための#**学習支援**は大事な試みであり、オープン・データはここでも活躍します。学習支援は市民が科学の担い手となる#**シチズン・サイエンス**が発展するためにも課題です。二次資料である研究資源の無料公開やオープン化もシチズン・サイエンスの基盤を固めるうえで重要な取り組みです。

　最後に、これらの手法を支える#**プログラミング**の技術の重要性（と取っつきにくさ）はきょうも健在です。

■ネット文化資源の作り方

　ネット文化資源は、まだまだデジタルで生まれたものは少なく、#**電子化**をしてコレクション化されます。電子化は画像作成を意味することがほとんどですが、文章のばあいは#**電子テキスト**を作ることが読みやすくするうえでは必要になってきます。

　ネット文化資源の多くは、一般にはデジタル・アーカイブなどと呼ばれたりするシステムを通じて公開されます。デジタル・アーカイブ

の設計などは、付録のパスファインダーに紹介する文献に譲らざるを得ませんが、画像配信に関する枠組みである #IIIF などについては触れるところもあります。固定した関係性ではありませんが、利用者と提供者が接するところをインタフェースといいます。画面などは目に見えるインタフェースですが、IIIF は目に見えないインタフェースのひとつです。

資源を扱ううえで、**# 地域資料・# 文化資源** のいずれとするかは、似ていてもコレクションの仕方、言い換えれば意味の作り方が異なります。いずれのばあいも、ひとがかかわるからには、**# 人権** が問題となってくることでしょう。

ネット文化資源の **# 継続性** は大きく問題ですが、データの継続性という点では、一次資料を **# オープン・データ** や **# データセット** にすることは、それを高める第一歩ですし、**# シチズン・サイエンス** など市民参加の基盤を作ることにもつながります。また、**# リンクト・データ** などの手段でほかのネット資源と繋がっていけば、**# 情報発信** も容易にすることができます。

■本書の使い方

さて、ネット文化資源に対する興味といっても立場によってさまざまです。自身が提供者ということもあれば、利用者ということもあり得るでしょう。また、しっかりと見ていきたい利用者もいれば、ちょっとした情報探しのこともあれば、その存在を知っている程度の利用者もいます。また、個々の資源に興味があるというよりも、ネット文化資源を作り用いるという営為あるいは現象がおもしろいという方もいるでしょう。本書では、多くのものを「つまみぐい」しているため、どれから見ても物足りなく思われることもあるかもしれませんが、その際は注やパスファインダーに挙げたものをご覧いただければと思います。

本書は、メールマガジン『人文情報学月報』の連載「Digital Japanese Studies 寸見」の 45 号 (2015 年 4 月) 掲載の第 1 回から 89 号 (2018 年 12 月)

掲載の第45回までの原稿をもとに、加筆修正及び関係画像を差し込むなどの編集を施したものです。掲載時から題をあらためたものもあります。原題は末尾の初出一覧で確認できます。なんでもありなデジタル日本学に関する時評という性質上、執筆時、あるいは刊行時と現状とで食い違うところも多々あろうかと思います。刊行時の時点で気付いた差異は、なるべく補筆をしましたが、それにも限界があります。また、著者の誤りや観点の偏りも否めません。読者がご自身の目で現状との差異を確認されることを強くお願いしたいと思います。

　本書では、さまざまな取り組みに大小の評価を下していますが、それは貶めることが目的なのではなく、瑕瑾や気にかけてほしいことを要望、あるいは願望として表明したということです。専門家は、仕事を分かち合うためにある存在であり、是非おそれずに協力体制を築いていただき、ともに失敗を避けたり起こってしまった失敗から学んだりしながら、よりよい未来に向かっていければと考えています。

　2019年初夏

著者

　思いがけず好評を以て迎えられ、重版の機会をいただいたのを機に、本文は原則として手を付けず、用語解説や付記に若干の修正と補足をし、誤記を改めました。

　現今の社会情勢は、ネット文化資源がますます重要になると同時に、それ自体の保全そのものも脅かすようなありさまです。願わくば世界が平和の道へと戻り、これらの取り組みが途絶えることのないことを願っています。

　2020年晩春

著者

☞タグによる本書の歩き方Map

#電子化

第01回、第02回、第03回、第06回、第07回、第09回、第10回、第12回、第15回、第22回、第24回、第28回、第30回、第31回、第36回、第38回、第40回、第43回、第44回

#文化資源

第02回、第06回、第07回、第09回、第10回、第15回、第20回、第22回、第28回、第30回、第35回、第36回、第38回、第40回、第43回、第44回

#オープン・データ

第07回、第09回、第10回、第16回、第20回、第21回、第24回、第25回、第30回、第31回、第40回、第42回、第43回、第45回

#デジタル人文学

第11回、第13回、第14回、第16回、第23回、第26回、第27回、第33回、第35回、第36回、第37回、第42回、第44回

#データセット

第09回、第13回、第16回、第21回、第23回、第27回、第29回、第32回、第41回、第45回

#シチズン・サイエンス

第01回、第02回、第07回、第11回、第19回、第21回、第22回、第31回、第35回

#メタ情報

第06回、第12回、第13回、第20回、第23回、第24回、第34回、第42回

#地域資料

第02回、第24回、第28回、第36回、第38回、第39回、第40回、第44回

#IIIF	第30回、第32回、第38回、第42回、第44回
#データ共有	第16回、第21回、第23回、第27回、第29回
#ビジュアライゼーション	第13回、第18回、第26回、第35回、第37回
#継続性	第30回、第31回、第34回、第39回、第41回
#研究資源	第01回、第03回、第04回、第14回、第29回
#国文学研究資料館	第01回、第09回、第20回、第21回、第45回
#情報発信	第05回、第21回、第24回、第28回、第44回
#電子テキスト	第08回、第22回、第26回、第35回、第37回
#日本文学	第01回、第17回、第18回、第31回
#文字情報	第08回、第14回、第41回、第45回
#プログラミング	第26回、第33回、第37回
#リンクト・データ	第12回、第13回、第40回
#研究方法	第26回、第27回、第33回
#人文学オープンデータ共同利用センター	第09回、第32回、第45回

☞タグによる本書の歩き方 MAP

#CHISE......第14回、第41回
#Dublin Core......第13回、第42回
#HNG......第14回、第41回
#TRC-ADEAC......第02回、第28回
#ウィキペディア......第07回、第19回
#デジタル・キュレーション
　　　......第10回、第32回
#フォント......第08回、第25回
#学習支援......第11回、第17回
#国際化......第05回、第25回
#古典学......第06回、第15回
#書誌学......第17回、第18回
#西洋美術......第10回、第32回
#品質保証......第19回、第29回
#Adobe......第25回
#arXiv......第29回
#DBPedia......第13回
#FutureLearn......第17回
#Google......第25回
#Google Map......第18回
#Tokyo Digital History......第37回
#UCL......第04回
#Unicode......第08回
#URL......第12回
#W3C......第23回
#アムステルダム国立美術館......第10回
#ウィキペディア・タウン......第19回
#ウィキメディア財団......第07回
#カリフォルニア大学ロサンゼルス校
　　　......第11回
#クラウド・ソーシング......第04回
#シュプリンガー＝ネイチャー......第16回
#青空文庫......第31回
#英語......第05回
#大阪市立図書館......第24回
#大阪大学......第11回

#漢字字体規範史データセット保存会
　　　......第41回
#機械学習......第45回
#九州大学......第06回
#京都大学古地震研究会......第22回
#京都大学図書館機構......第30回
#近畿大学図書館......第38回
#宮内庁書陵部......第15回
#慶應義塾大学......第17回
#慶應義塾大学附属斯道文庫......第15回
#研究方法......第33回
#考古学......第04回
#国立教育政策研究所教育図書館
　　　......第43回
#国立国語研究所......第45回
#国立国会図書館......第34回
#国立歴史民俗博物館......第40回
#自然災害......第22回
#島根大学附属図書館......第38回
#人権......第36回
#人文学......第05回
#草稿......第03回
#統制語彙......第13回
#地理情報システム......第18回
#東京女子大学......第03回
#東京大学史料編纂所......第11回
#奈良文化財研究所......第11回
#日本思想史......第03回
#日本美術......第32回
#人間文化研究機構......第05回
#農耕文化......第04回
#標準化......第08回
#船橋市西図書館......第28回
#北海道大学附属図書館......第19回
#量的......第27回
#早稲田大学......第11回

16

第1回～第9回

第1回 …2015.04

インターネット上でほとんど利用することができなかった本文と索引の公開
――『笠間索引叢刊』の一部が国文学研究資料館で公開に

タグ☞ #日本文学 #研究資源 #電子化 #シチズン・サイエンス #国文学研究資料館

■紙媒体しか引用されない分野「日本語学・日本文学」に属す書籍の公開

　第1回は笠間書院の『笠間索引叢刊』【図1】の一部が国文学研究資料館で公開された件を取り上げたい【図2】。この1970年に創刊された『笠間索引叢刊』がインターネット上で公開されたことは、非常に意義深いことだと思うが、それについては少々解説が必要かもしれない。まわりみちであるが、お許し願いたい。

　日本学の研究資料は、これまでインターネット上で利用できるものは非常に限られていた。インターネット上で英語で利用できる日本研究・日本の人文学の研究資料の概観をつかむために作成されたEnglish Resource Guide for Japanese Studies and Humanities in Japan▶注 [1]（人間文化研究機構。第5回で詳述）が公開されたが（筆者はその編さんに大きくかかわった）、インターネット上でかつ英語で利用可能な資料の量が内容の選定に大きく影響した。

　もちろん、英語で利用できる研究資料に限定すると集められるものがぐっと減ってしまうことは、英語で主に研究が行われてきた分野でなければ珍しいことではなかろうし、それじたいとりたてて問題ではない。

　興味深い点は、ここに挙げられた諸資料が、日本学にお

【図1】有賀嘉寿子編『古事談語彙索引』笠間索引叢刊127（2009）。本書が現在のところ最新刊である。

【図2】国文学研究資料館学術情報リポジトリ　https://kokubunken.repo.nii.ac.jp
左のインデックスツリーの学術資料をクリックすると、「笠間索引叢刊」を見ることができる。2019年6月15日現在、33タイトルが公開されている。

▶Japan Knowledge
小学館のグループ会社 NetAdvance が運営する統合レファレンス検索サイト。2001年に小学館の辞書・事典類の最新版をつねに利用できるサービスとしてはじまり、現在は同社のコンテンツに留まらない多種多様な電子情報を利用できるようになっている。有料で、図書館向けのLibサービスと個人向けの Personal サービスとに分かれる。

　　　　　　　　　　ける蓄積と対照して、どの程度の厚みがあるかである。そのように見ると、諸学の伝統的な研究雑誌で、インターネット上で利用可能な資料が多々引用される分野と、ほとんど紙媒体しか引用されない分野とに分かれるのではないだろうか。日本語学・日本文学はどちらかといえば後者に属すものであった。

　　日本語学、そして出自上研究資料を多く共有する日本文学における研究資料としては、まず言語資料の本文が挙げられる。

　　第二次世界大戦後、古典文学の校訂本文の作成が進み、『日本古典文学大系』（岩波書店）、『日本古典文学全集』（小学館）などを筆頭とする古典文学全集なども編まれた。これらを「生データ」とすると▶[付記]、研究用に加工したものが総語彙索引（総索引）である。索引といえば、術語や要語を便利に引くためのものを想像するが、総語彙索引では、一般名詞からテニヲハにいたるまで、本文中のあらゆる語を一覧できるようにしたものである。総索引は数多く編まれており、『笠間索引叢刊』をはじめ、『索引叢書』（和泉書院）、『古典籍索引叢書』（汲古書

院）などの索引叢書があるほどで、特に『笠間索引叢書』は127点を数える一大叢書である。全集類に漏れる文献などでは、総索引を作成するために校訂本文から作成することも珍しくはない。

　しかしながら、本文にせよ、総索引にせよ、これまでインターネット上で利用することはほとんどできなかった。紀要論文の形態で出版されたものが機関リポジトリから利用可能になることがあったほか、『日本古典文学大系』が国文学研究資料館により▶注 [2]、『日本古典文学全集』を引き継いだ『新編日本古典文学全集』（小学館）が現在JapanKnowledge▶注 [3] で利用可能となっているが、利用上の制約もあって研究に使いやすいとはいえない。書籍として出版されたものは大半が画像データとしてすら電子化されておらず、まして、英語で使えるものは皆無に等しいので、ガイドではあまり多くを挙げることができなかった。

■言語研究とデジタル・データの利用

　日本語学に限らず、言語研究はデジタル・データの利用が古くから盛んな部類であった。特に日本語学は、世界でも最古級の統計的言語研究に関する学会である計量国語学会があり、コンピューターの利用にも当然長年の蓄積があるものの、索引と本文の作成が中心で、英語研究などのように言語学的な解析を施した本文データベース（コーパス）作成などにはなかなかいたらなかった。

　歴史言語のコーパスはどの言語でも現代語ほどには進んでいないとはいえ、たとえば英語学ではヘルシンキ・コーパス▶注 [4] を筆頭に複数の研究用デジタル・コーパスが作成されている。これらの研究用コーパスでは、単なる本文データベースと異なり、単語ごとに品詞や文法的な関係などが分析してあり、それを踏まえた用例の抽出が可能となっている。それに対して、日本語学では、2014年にようやく国立国語研究所によって「日本語歴史コーパス」が作成されるにいたった段階で▶注 [5]（平安時代の仮名文学と室町時代の狂言のデータが収録されている）、

▶計量国語学会
1956年設立。「計量的または数理的方法による国語研究の進歩をはかり、言語に関係がある諸科学の発展に資することを、目的」とする。

▶ヘルシンキ・コーパス
The Helsinki Corpus of English Texts。ヘルシンキ大学及びフィンランド学士院が1984年から91年にかけて開発したもので、英語の歴史的資料を、時代・地域などの言語外情報や個々の語への文法的な情報を付したうえで検索できるようにしたものとして最も古くまた著名。

▶日本語歴史コーパス
国立国語研究所が開発する日本語についての歴史的コーパスで、2014年を皮切りに各時代の資料のコーパス化が進められている。国語研究所では、このほかにも、現代の書きことばや話しことば、方言などのコーパスが作成されている。

まだ複数の選択肢があるにはいたっていない▶[付記]。

　それゆえに、今回の索引の電子化は重要であろうと思われるのである。総索引は品詞認定などに基づいて作成されるものであるから、コーパス的な利用がある程度可能である。これは、既存のコーパスの欠を補うものとも見なし得る。総索引の公刊は、「校訂本文」が提供されるという点でも意義が大きい。実際、今回公開された『唐物語』『源氏物語引歌索引』『類字名所和歌集索引』『「隆達節歌謡」全歌集』『近世流行歌謡』の5点のなかで、『類字名所和歌集索引』以外は校訂本文も同時に公開されている。これらは全集類に必ずしも含まれるものではなく、しかもテキスト検索が可能になったことは、多くの研究を促進するものとなろう。

■複数の資料が使えるような世界へ

▶CC BY-NC-ND
作品を複製、頒布、展示、実演を行うにあたり、著作権者の表示を要求し、非営利目的での利用に限定し、いかなる改変も禁止する。CCについては第20回参照。

　もちろん、今回はCC BY-NC-NDでの公開ということで、利用条件に制約があり、デジタル人文学的研究を推進するものとなるかは今後の展開次第である。デジタル人文学的に利用していくことと、コンピューターで扱いやすい形式にしていくことは不可分であるように思われる。たとえば、研究用コーパスからは、他動詞が主語を取る例がどれくらいあるか、形容詞がどれほど出てくるか、音便を記した例と見られるものは何件あるかなどということが簡単に抽出できるが、単に既存の資料を提供するだけでなく、新しい研究資料の礎となれば、またそこからあらたな展開が生まれよう。

　インターネット上で多くの「オリジナル」や雑誌掲載の研究論文が公開されるなか、かつて「オリジナル」や研究論文と利用者をつないできた校訂本文の存在は見えにくくなっている。しかし、素人がいきなり「オリジナル」に立ち向かっても無力なことはいうまでもなく、陸続と公開されていく「オリジナル」を生かすうえでも、このような研究資料の公開は重要な取り組みであろうと思うのである。いかほど厳正な校訂本文であろうと、単一の研究資料に依拠するのは健全な姿

ではない。複数の資料が使えるよう、さらなる索引や本文の公開が期待される。

▶注

[1] English Resource Guide for Japanese Studies and Humanities in Japan
https://www.nihu.jp/japan_links/index.html

[2] 「日本古典文学大系本文データベース」
http://base1.nijl.ac.jp/~nkbthdb/

[3] JapanKnowledge
http://japanknowledge.com/

[4] Helsinki Corpus
http://www.helsinki.fi/varieng/CoRD/corpora/HelsinkiCorpus/

[5] 「日本語歴史コーパス」
https://pj.ninjal.ac.jp/corpus_center/chj/

[付記]「生データ」とはなにかという問題はここで扱うには大き過ぎるのであるが、興味がある方は本書の随所、とくに第16回などで扱うテーマなどに触れていただきたい。

　なお、国立国語研究所の「日本語歴史コーパス」はその後も順調に対象を拡げ、奈良時代から大正時代までの日本語が調べられるようになっている。

第 2 回 …2015.05

日本文化研究で
小規模デジタル・アーカイブズを
どう使うか
──TRC-ADEAC のアーカイブ追加から考える

タグ☞ #地域資料　#文化資源　#電子化　#シチズン・サイエンス　#TRC-ADEAC

■増えた史資料を、日本文化研究でどう使っていくか

　TRC（株式会社図書館流通センター）の運営する「歴史資料検索閲覧システム」（A System of Digitalization and Exhibition for Archival Collections: ADEAC）に、続々と資料が追加されている【図1】。TRC-ADEAC は、TRC がホストとなって、各地の自治体が自らの所有する文献や資料をインターネット上で公開するプラットフォームである。この半年の新規公開アーカイブには、上賀茂神社（2014 年 11 月）、東京都江戸川区（12 月）、東京都練馬区貫井図書館和装本（2015 年 1 月）、高山城下町絵図（3 月）、小島資料館梧山堂雑書新選組関連資料・長野県立歴史館信濃史料・今治市立図書館国府叢書・河本家稽古有文館（4 月）があり、既存のアーカイブにも資料が追加されている。これらのアーカイブでは、自治体史や自治体の作成した資料が提供されるものも少なくないが、史資料を電子化し公開するものも数多い。おしなべていえば、史料系は翻刻を中心に提供されることが多く、資料系は画像を中心に提供されることが多い印象である（ここでは、文書等を史料と称し、それ以外のものを資料と称す）。

　このようにアーカイブが多数公開され、利用可能な史資料が増えることじたいは慶賀すべきことに違いない。では、これらの増えた史資料を、日本文化研究でどう使っていくことができるだろうか。

▶翻刻
もとは出版された本を原稿として版木を作り、刊行し直すこと。そこから派生して、資料のテキストのみを取り出し、再利用したものをも言う。

■どのように文化財を保護・継承しようとしているかを如実に示す

このようなシステムで公開される史資料は、なによりも、地域にとっての意味が大きいのだろうと思う。自治体史がまさにその典型であるし、このたび追加されたアーカイブのなかでも、小島資料館や河本家稽古有文館など、土地の名家に伝来された資料を電子化する目的のものや、江戸川区のように文化財紹介の冊子を電子化したものも、それぞれの地域が伝来してきた文物を確

【図1】ADEAC（アデアック）：デジタルアーカイブシステムトップページ
https://trc-adeac.trc.co.jp

認し、後世へとつなぐために必要とされているものといってよいだろう。しかも、TRC-ADEACでは、特に活字資料は翻刻するのを基本とするし、画像史資料に関しても多く翻刻が行われ、部分的には翻刻との重ね表示ができるようにもなっているなど、史料利用の効率化が図られているものが多いように見受けられる。このシステムにおいては、自治体ごとに史資料公開の体制が異なり、見せ方が異なっている。たとえば、あるところではテーマごとに史資料を分類し、あるところでは図書館的な分類を行っているごとくである。それもまた、それぞれの自治体がどのような文化財を有し、どのように文化財を保護・継承しようとしているかを如実に示すものであろう。

■横断検索機能の弱さと、文献学的な不都合

TRC-ADEACでは、各アーカイブの横断検索ができるが、これはInternet Archive ▶注 [1]（以下、IA）や、Google Books ▶注 [2]（以下、GB）などのように多数のコレクションをひとつところに収めるシステムとは

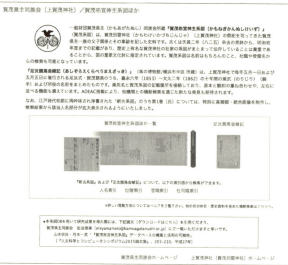

【図2】上賀茂神社のアーカイブ
https://trc-adeac.trc.co.jp/WJ11C0/WJJS02U/2600515100

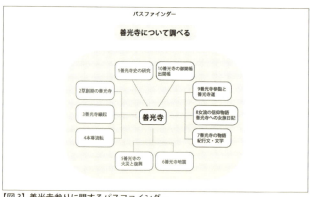

【図3】善光寺参りに関するパスファインダー
https://trc-adeac.trc.co.jp/Html/Home/2000515100/topg/pf/pf.html

その使い勝手において大きく異なる。TRC-ADEACがあくまで各コレクションの公開を意図し、横断検索は付加的であるのに対し、IAやGBでは、各コレクションは前景になく、あたかもひとつの図書館があってそこを縦横無尽に探すことができるかのように作られている。これは設計思想の問題なので、筆者にアーカイブズかくあるべしとの考えがあるわけではないのだが、少なくとも、GBでキーワードを入れてなにかを探すような感覚でTRC-ADEACで検索できないことは疑いがない。そもそも、TRC-ADEACでは複雑な見せ方ができる代わりに、統一フォーマットで史資料を提供していないので、どうしても横断検索機能の恩恵にあずかることが難しい側面がある。

それでは、日本文化研究を行おうと思ったときに、これらのアーカイブズはどのような使い方ができるだろうか。史資料の用い方は研究の分野・対象・方法によって異なるので、一概にいうことはできないが、少なくともTRC-ADEACを総体として求める資料を探索すること

は難しいと考えるべきであろう。それは横断検索機能の弱さもゆえでもあるし、統一的な分類がなされていないのでそもそも総体を把握することができないという文献学的な不都合がある。しかしながら、個々のアーカイブが個性的であるということは、それぞれのアーカイブの特徴を控えておくことで、パスファインダーのように使うこともできるということだろう。たとえば、上賀茂神社のアーカイブ【図2】では加茂氏の系図や足汰競馬会雑記などが提供され、信州地域史料アーカイブで善光寺参りに関してパスファインダー【図3】が提供されていることは、ほかの調べものにもしごく便利であると予想される。津山藩の「江戸一目図屏風」などもそのように使えたかと思うのだが、現在は有料化されてしまったということである。サービスの持続的提供について考えさせられる話である▶[付記]。

■コレクションの由来やアーカイブ化の方針をより明確に

　もちろん、こうであればいいのにということがないわけではない。たとえば、コレクションを全体的にデジタル化したアーカイブは、どうしてもコレクション中の「重要性の高い」資料から選ばれることになる。しかしながら、往々にしてそのような資料は版本のしかも後刷り本で、もっと素性のよいものは三都にあったり、いいものがあっても、特にそのコレクションを特徴付けるような資料ではなかったりする問題がある。もちろん、伝本調査をするのであれば、このようなアーカイブは負担をかなり減らしてくれるが、常に伝本調査をしながらものを見るわけではないから、それがありがたいひとは限られる。そのような資料もゆくゆくは公開してほしいものであるが、それに力を入れるならば、むしろ、写本類（印刷ではなく手書きされた資料全般）を優先して公開してほしいと思う。版本であれば、目録さえあれば（繰り返すが、伝本調査でなければ）そこでしか見られないことはまれだが、写本はすべて一点ものであり、ほかに代えることができないという違いがある。筆者は一度江戸時代に手習塾で用いられたいろは歌手本につ

練馬区立貫井図書館／和装本

和書一覧　　　　　　　　　漢籍一覧

練馬区立貫井図書館所蔵の和装本をデジタル化しました。
和書一覧、漢籍一覧をクリックすると、それぞれの一覧画面が表示されます。
※詳しい閲覧方法についてはヘルプをご覧下さい。他の自治体史・歴史資料を含めた横断検索はこちらへ。

練馬区立貫井図書館ホームページへ

【図4】東京都練馬区貫井図書館和装本　https://trc-adeac.trc.co.jp/WJ11C0/WJJS02U/1312015100

いて調べたことがあったが、あまりに一般的すぎてほとんどのデジタル・アーカイブズに収載がなかった。しかし、このようなありきたりな資料こそがその地で作られ伝えられてきた資料であり、まさにそのコレクションを彩るものなのではなかろうか。

　コレクションの由来やアーカイブ化の方針などをより明確にすると、もっと使いやすくなるだろうとも思う。東京都練馬区貫井図書館和装本【図4】などは、どうしてこのようなコレクションが形成されたのか、コレクションのどのくらいがアーカイブに入っているのか示してあるだけで、アーカイブとしての信頼性が増すだろうにと惜しんだりもした。これは、自前で稀覯書(きこうしょ)をデジタル・アーカイブ化する小さめのコレクション全般にいえることであろう。

　さらに欲をいえば、これらのアーカイブズが総合データベース、たとえば「日本古典籍総合目録データベース」▶注 [3] などとつながってほしい。どうしても日本の資料全体のなかで考えたいときはあるものだから。

▶注

[1] Internet Archive　https://archive.org/details/texts
[2] Google Books　https://books.google.com/
[3] 「日本古典籍総合目録データベース」　https://base1.nijl.ac.jp/~tkoten/
　なお第21回も参照。

［付記］TRC-ADEACはこの記事の後も拡充を続けているが、URL設計の重要性を痛感させられる。間違いなくできるものになっているだろうか。津山藩の「江戸一目図屏風」は2019年6月10日に再公開された。

第3回 …2015.06

一個人の草稿類アーカイブの公開
── 丸山眞男文庫草稿類デジタル・アーカイブ

タグ☞ ＃日本思想史　＃研究資源　＃電子化　＃草稿　＃東京女子大学

■年々増加する利用需要に応えるために構築されたアーカイブ

　2015年6月1日に、東京女子大学丸山眞男文庫では、「丸山眞男文庫草稿類デジタルアーカイブ」を公開した（以下、本アーカイブ）【図1】。この文庫は、丸山の没後の1998年に蔵書がほぼ一括して東京女子大学に寄贈されて設置されたもので、2015年3月に、寄贈された段階における丸山の書庫の様子がバーチャル書庫として公開されたことは記憶に新しい【図2】。文庫では、資料の保護のために利用・閲覧が厳しく制限されている。このアーカイブは、その制限のもと、年々増加する需要に応えるために構築されたものであるという。寄贈された蔵書は幅広く、研究に関する書籍はもちろんのこと、幼少時代の日記から晩年の草稿、また丸山が熱中していたクラシック音楽の楽譜までに及び、丸山個人を研究するうえで格好の材料を提供するものとなっているようである。

　本アーカイブは、関係者の努力と工夫のかい

【図1】東京女子大学丸山眞男文庫草稿類デジタルアーカイブ
http://maruyamabunko.twcu.ac.jp/archives/

【図2】東京女子大学丸山眞男文庫バーチャル書庫
http://maruyamabunko.twcu.ac.jp/shoko/

あって、使いやすいものになっていると思われる。筆者には、この文庫そのものや草稿ひとつひとつの価値について説き明かすことは任に堪えないことであるが、一個人の草稿アーカイブというものは、今後ともいろいろ作られていくことであろうし、またそれには共通する機能というものもあろう。本稿はそのような点からこのアーカイブを眺めてみた感想をお伝えしたいと思う。

■丸山研究以外にも活用の道がありそうなアーカイブ

　本アーカイブでは検索機能と目録が統合されている。入力画面にある通り、キーワードを入れなければ全件が表示される。分類が見たいときは、詳細検索から大・中・小項目を確認することができ、同様にキーワードを入れずに検索すれば、全件を一覧できる。メタデータもくわしく、個々の項目を見れば資料の概要はつかめるようになっている。なお、詳細な検索仕様へのリンクがあるが、一般の利用を目的としたものとしては、少しつっけんどんな印象を受けた▶[付記1]。特に詳細検索に関する仕様はツールチップにしたほうがよかったのではなかろうか。

　個々の検索結果画面では、メタデータと、画像が公開されているばあいは画像閲覧画面へのリンクを見ることができる。どういう閲歴をたどった資料かなどに関する書誌的事項が確認できるほか、関連する資料へのリンクがあって、必要に応じて確認できる。

　本アーカイブで公開しようとしているものは、単に草稿というにとどまらず、丸山家から公開の許諾のあった、丸山の書いたもの全般にわたるものといえるようである。一般に作家の草稿といえば、著作類の原稿を想起するが、本アーカイブでは丸山の幼少期の日記や講義ノート、著作に対する書き込みなどまで公開されており、遺墨集といった趣がある。これは、文庫に対する需要のありかたを反映したものなのだろう。

　このコレクションで公開されているさまざまな手稿を見ると、一研

究者というにとどまらず、一個人をしのばせる内容ともなっており、丸山研究以外にも活用の道がありそうである。たとえば、近代の平仮名の研究をしている筆者の視点から見れば、年齢ごとに筆跡の変遷を追えることは大変ありがたいことである。このようなごく特殊な興味以外でも、大正・昭和初期の東京四谷で育った一少年の書き残したものは、言語・文化研究にも重要な一材料を投ずるもののごとくに思われる。このような多方面からの研究を可能とするには、本アーカイブの現在の状態がより明瞭に伝わるものであればよかったと思う。現在のデジタル・アーカイブでは、どの分類にどれほどの資料があり、かつどれほど画像が提供されているのか簡単に調べることができない。丸山の個々の草稿に関心があるのではなく、全体のなかから材料を探してゆく研究には、そのような配慮があるとうれしいのである。また草稿がデジタル化されているとしても、館内閲覧しかできないものもあるとのことであり、これに関してはどれが該当のものか検索によって現在知ることができないのは使いにくく感じた。

■プライバシーや諸権利に関する処理

　本アーカイブにおけるプライバシーや諸権利に関する処理も参考になる点があり、またよりくわしく知りたいと思う。たとえば、「日記」（丸山が付けたタイトルではない）（資料番号 1）には、次のごとき解説があった▶[付記 2]。

　　2003 年 12 月 5 日 丸山家より丸山文庫に移管。仮番号 1 とした。

　　『自己内対話』（みすず書房、1998 年）に一部収録。資料の形態、体裁は、

　　その凡例を参照。

　　　刊行に当って削除された部分があり（privacy に関わる）取扱いに注意を有する。

　　この資料は画像が全ページ公開されていたようである。問題のある箇所を公開していない資料もあるようであり【図 3】、注意を要しなが

【図3】問題のある箇所を公開していない資料の例
http://maruyamabunko.twcu.ac.jp/archives/search/bibliography/0000000000?sort=image_code&subpage=15&page=16&max=200&keyword=&andor1=and

【図4】ビューワー上のアイコン

らも公開に踏み切った理由などが分かれば、同様の問題に直面したアーカイブ担当者にも有益なのではなかろうか。

■アーカイブのお手本となるよい例

　操作をしていて、いくつか不親切な点に気付いた。たとえば、個々の草稿の検索結果画面に分類が示されているが、そこから同じ分類のほかの資料をすぐに検索することはできない。詳細検索からすぐに同様の結果は得られるが、技術的には不要な手間を強いるもので、解決されたらと思う。関係する事柄として、個々の草稿の検索結果画面に対する永続的リンクが提供されていればよかったと思う。デジタル・アーカイブを使った研究には個々の資料へのアクセス方法（できれば検索結果一覧へのアクセス方法も）が安定していることが欠かせないからである。また、画像閲覧画面において、いろいろのボタンに説明がまったくないのは改善されたらと思う。右端の全画面表示などは【図4】、普及しつつあるアイコンデザインではあろうが、説明なしでだれもが分かるほどではない。マウスのスクロール等でボタンは代替できるので、大きな問題ではないが、コピーなどを防ぐために独自フォーマット・独自画面でデータを提供するうえは、使いやすさを心がけてほしいと強く願う。

　本アーカイブは、閲覧者の求めによって構築されたということや、

▶永続的リンク
perma(nent) linkとも。ブログ記事などでシステム上複数のURLを持ってしまう際に、特定のコンテンツに期限なくアクセスできるURLであるという意味で名付けられた。URLは、第12回で説明するようにデータの住所であり、固定的であることが望ましい。

私立大学戦略的研究基盤形成支援事業などを受けていて提供者にそれに応える余裕があることなどの事情により、非常にすぐれたものが生まれたのであろう。最後に失礼なお願いを申し上げたが、このようなアーカイブのお手本となるよい例であろうと考える。

[付記1] 検索仕様は内容が削除され単に空白ページが表示されるようになった。
[付記2]「日記」(資料番号1) は目録から削除された。

第4回 …2015.07

クラウド・ソーシングを利用したデータ整備
——「アジアにおける稲作と人口：日本の稲作（1883-1954）」

タグ　#考古学　#研究資源　#クラウド・ソーシング　#農耕文化　#UCL

▶クラウド・ソーシングプラットフォーム
インターネット利用者から幅広く少量の支援を仰ぐクラウド・ソーシングを効率的に行うために、それに特化したプラットフォームがいくつかできている。非営利向けのものとしては、ここに出てきたMicroPasts以外にも、Crowd4UやZooniverseなどがある。

■電子化プロジェクトの概要

2015年7月4日より、University College of London（UCL）のThe Impact of Evolving of Rice Systems from China to Southeast Asia プロジェクト▶注[1]（以下、UCLプロジェクト）では、奈良大学の協力のもと、MicroPastsのクラウド・ソーシングプラットフォームを利用して、日本の農林省（現農林水産省）の作成した稲作に関する全国統計資料の電子化プロジェクト「Rice and Population in Asia: Japan's rice〈アジアにおける稲作と人口：日本の稲作（1883-1954）〉」を開始した【図1】。農林省の統計表を市民に託して入力してもらうものである。

　この電子化プロジェクトは、近代化以前の稲作のアジア一帯における広まりを分析することを目的としたものという。UCLプロジェクトは、植物考古学の専門家であるD. Fuller

【図1】Rice and Population in Asia: Japan's rice〈アジアにおける稲作と人口：日本の稲作（1883-1954）〉
https://crowdsourced.micropasts.org/project/japanrice/

氏の指揮するもので、稲作の起源を探った前プロジェクト（The Early Rice Project: From Domestication to Global Warming〈doi:10.5334/ai.1314〉）に引き続き、考古学的調査及び近代的な統計資料の活用により、稲作、ひいては文明の拡大を探るものであるようだ。それゆえ、日本文化の解明を直接目指したものではないが、稲作は日本文化を形作る重要な要素ともいわれるもので、その基本的なデータが整備されることじたい、日本文化と無関係なものではないだろう。この資料の電子化にあたる前は、東南アジアにおける稲作の統計資料の電子化にあたっていて、本電子化プロジェクトはそれに続くものである▶注 [2]。なお、なぜ中国から東南アジアにかけての稲作に関するプロジェクトにおいて日本に関する資料が取り上げられるのかは、【図1】の公式サイトからはよく分からなかった。研究成果が公にされるときを待てということなのであろうか。

　今回入力する資料は、農林省農林経済局統計調査部編『農林省累年統計表』の稲の部、及び同編『水陸稲収穫量累年統計表』によるようだがくわしくは調べきれなかった。詳細は作業者には関係ないとのことで、省いたものであろうか。実際、入力の際も原資料にはあっただろう凡例さえ提供されていない。作業者には数字の転記以上の期待はしていないのが明確で、この電子化プロジェクトの動機が明らかでないのと同様、ずいぶんと割り切ったものだと思った。

■**作業をしてみて**

　入力画面そして作業は至ってシンプルである【図2】。ひとりあたりにおよそ 144 の画像が割り当てられるようだ。画面では統計表をスキャンして、拡大縮小ができるようになった画像が上部にあり、下部の表に入力できるようになっている。表は入力してゆくとセルがどんどんと増えていくので、入力サイズに関して心配する必要はない。ひとつの画像を入力しおえると、次の画像の入力に移るようになっていて、順にこなしていくようになっている。筆者の見る限り、作業の一時保

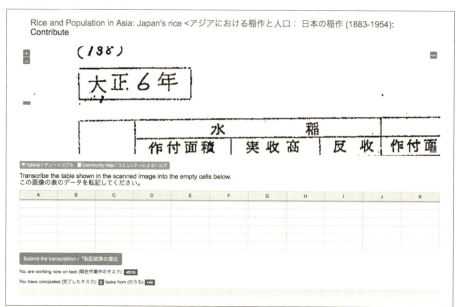

【図2】入力画面

存や、過去の作業の修正といったことには対応していないようである。作業はエクセル等手元の表計算アプリケーションで行ってもよいが、そのときは貢献の名義が他者に移る可能性があるというあおり文句があった。とはいえ、表は小さいものではないので、一時保存ができないとなると、手元で入力したほうが安全ということになるのではないだろうか。

　このように作業に徹することを求められてはいるが、実際にタスクをひとつ入力してみると、いくつかの問題を感じた。入力画面があまり親切なものではないということ、また、作業者に対する期待はそう割り切れたものでもないということが挙げられる。ひとつめに関しては、複数の集計方法の一致しない表を扱っているためではあろうが、入力画面には見出し行もなければ区切り線もなにもないので、どこになにを入れればよいのかそこまで分明ではない。筆者の入れたものでは各項目の単位が数値の区域に割り込んでいたが、それをそのまま入

力したほうがいいのか、しないほうがいいのか分からなかった。また、単純に行や列を見失って誤転記が怖いということもいえる。また、これは単なるバグあるいは環境上の問題なのだろうが、入力していくと、まだ下の行があるのにもかかわらず、入力画面の行を増やすことができなくなってしまった。このようなデータを送ってよいのかどうか分からないが、中断ができないのでそのまま送ってしまった。

ふたつめに関して、日本人の作業者に対しては、表の見出しの入力や英訳についても期待されているが、これは資料がどういうものか知らせない姿勢と相反するように思える。凡例を見ずに翻訳できる見出しなどそうそうないだろう。チュートリアルで例示はされるが直訳ではなく、そこまで責任は負いきれないと思ったし、それをセルにどう入れてほしいかにまでは言及がなく、扱いに困ってしまった。また、全体的に日本語の説明は訳が練られていないようだし、誤訳も散見し、あまり親切ともいえない。

その他、ログインをせずに作業をすると、貢献が記録されない旨警告があるが、これは作業をこなせばいいことがあるということだろうか。以前のプロジェクトを見ると、説明ページに貢献者の氏名があるが、クラウド・ソーシングの協力者の名前が明らかにされるということだろうか。見返りの内容くらい明記してくれてもよいのにと思う。

■インターネット・コミュニティーの力を信じるか

クラウド・ソーシングを利用したデータ整備というものは、今後とも増えてゆくものと思われる。日本語でも説明のある本電子化プロジェクトは、それがどのようなものであるのか垣間見せてくれるものではないだろうか。あれこれと苦言はしたが、筆者のした苦言はささいな事柄に属する。むしろ、下請けにまわすとはこれくらい割り切るべきなのだということがありありと感じられ、そこからどう研究に使えるデータを作っていくかに研究者のデジタル能力が問われるのであろう（研究推進者本人が処理能力を持っている必要はないにせよ）。

【図3】MicroPasts
http://crowdsourced.micropasts.org/

本電子化プロジェクトを擁する MicroPasts では、UCL プロジェクト以外のクラウド・ソーシングプロジェクトも行われており【図3】、そのなかには考古学遺物画像の切り抜きなど、作業者に高い言語能力を求めないものも存する。本電子化プロジェクトは、図らずも言語の壁を示すものではあったが、画像の簡単な特徴抽出や、統計資料の電子化などはもっと積極的にひとびとの手を頼ってよいのかもしれない。また、専門能力が求められる作業（たとえば、よくいわれるものとして古写本・古文書の電子化など）についても、割り切ってさえしまえば、案外インターネット・コミュニティーの力を信じてよいのかもしれないと感じた。そのためには、作業するデータと貢献に対する発注者からの肯定的な反応が必要であろうが。

▶注

[1] https://gtr.ukri.org/projects?ref=NE%2FK003402%2F1
[2] http://crowdsourced.micropasts.org/project/ricepops1/
http://crowdsourced.micropasts.org/project/ricepops2/
http://crowdsourced.micropasts.org/project/ricepops3/

［付記］【図1】に示されるように、本電子化プロジェクトは 47% しか完了していない。UCL プロジェクトも 2016 年で終了しており、クラウド・ソーシングプロジェクトの困難さを示している。

第5回 …2015.08

英語による学術情報・資源の発信
── 人間文化研究機構「English Resource Guide for Japanese Studies and Humanities in Japan」をもとに

タグ☞ #人文学　#情報発信　#国際化　#英語　#人間文化研究機構

■掲載は英語で、かつインターネット上で利用可能であることが基本条件

　今回は、いささか趣を変え、英語による日本研究に関する学術情報・資源の発信について私見を述べてみたい。筆者は、人間文化研究機構の作る、英語で利用できるWeb研究情報資源に関するガイドの編さんを担当することとなり、今年2015年2月に公開された【図1】。手前味噌で恐縮ではあるが、このガイドの編さんを通じて、英語によって日本研究に関する学術情報や資源の発信をすることについて考える機会を得た。筆者は、もちろん、このガイドで取り扱ったほとんどの分野で素人に過ぎず、それでなにか語り得るほどの大層な考察ができたわけでもない。英語による情報発信の必要性が説かれてすでに数十年が過ぎ、議論も積み重ねられてきたところにくわしいわけでもなく、情報発信を担当して頭を悩ませる方々の苦労も省みない考え

【図1】
English Resource Guide for Japanese Studies and Humanities in Japan
https://www.nihu.jp/japan_links/index.html

にすぎないのではあるが、あえて発言するのは、それゆえにこそ英語での学術情報や資源を求める立場にわが身を擬しやすく思うからである。以下、このガイドの構成などを紹介しつつ、一般的な問題として英語による日本研究に関する学術情報・資源の発信を検討したい。

このガイドは、人間文化研究機構の事業として、日本研究に関する、また日本の人文学における学術情報・資源、それもインターネット上で英語で使えるものをまとめたものである。おおまかには、（1）日本研究についての資源を有する機関、（2）日本研究に関する情報資源、及び（3）日本における人文学の成果等の資源を対象としている。（1）としては国立の博物館や研究施設・団体、各種のデジタル・ライブラリーやアーカイブズ、日本国外の日本研究機関、（2）や（3）としてはデータベースやナレッジベース類を中心としている。

このガイドの編さんで、筆者は、学術情報・資源の選定及び解説文の起草を担当した。選定にあたっては、当時の担当者より上記の対象が方針として示され、委細は筆者に一任されたので、日本研究に関する幅広い資料を集めることを目指した。具体的には、英語で、かつインターネット上で利用可能であることが基本条件であったことから、日本語ができないか、あるいは日本語で準備された資料が利用しにくい層が日本に関する資料を集める際に、学術的に信頼できる資料に手軽に到達することができるということをひとまずの目標とした。なお、英語版ウィキペディアを加えたのはそのためで、このようなガイドを見ずともウィキペディアは勝手に参照されると思うし、学術的な正確性の担保は期待できないところだから、わざわざ入れるまでもないという意見もあるかとは思うのだが、案外こまかい資料へのリンクが豊富で、このようなひとりで作るガイドでは補いきれないところを補完するのによいと思ったのである。閑話休題。

■英語だけで情報が扱えるウェブサイトに限定した理由

そのような次第であるから、このガイドでは、英語だけで情報が扱

えるようにしているウェブサイトを紹介することがもっとも望ましいと考えた。日本研究者であれば、難易の差はあるとはいえすでに情報を得る手だては持っているはずであるし、日本語の情報で足りるはずである。それに対して、日本語ということばを解さず、また日本というものをどうやって調べていいのか分からないひとたちというのは、世界的に見て、圧倒的に数が多い。これは決して初学者に限られるものではなく、他の専門の研究者でも日本に関して調べることになるときは少なくないものと思う。

　そのようなひとびとが日本について調べようとしたときに、日本語で読み解きをしなければならないというのは、単に不親切であるのみならず、数少ない英語による資料や文献に対して、質のよしあしにかかわらず、過剰に依存させることにつながるのである（これは、CiNiiで各地の大学の紀要ばかりが無料で入手できたり、重要な資料がデジタル・ライブラリーやアーカイブズで後回しにされたりしたときに、日本のなかでも起こったことであろう）。特に筆者の専門とする日本語は世界中の言語と比較される機会のあることばであり、英語文献の乏しさは日本語の特徴を見誤ることに直結している。これは言語に限らず、およそ世界的に比較されるときは必然的に起こる現象ではなかろうか。そのような現状を考えるとき、利用者登録等の特段の手続きを要せず、媒介言語のみで情報が入手できることは重要な条件だと考えたのである。

　結果的には英語版の操作画面がないウェブサイトもいくつか紹介することとなったが、画像中心で日本語が理解できなくても楽しめると判断したものに限定した。これは、情報を入手するという目的には反するが、画像は親しみやすい素材であり、そのような要素も初学者には興味深いかと考えたためである（たとえば、ukiyo-e.org の管理者は浮世絵の愛好者であるが、日本語を解さないと聞く）。

■世界のひとびとと共有し、研究の進展に役立てるということ

　また、このような選定をしたのにはガイドを作るうえでの事情もあ

▶CiNii
サイニイと読む。NII（国立情報学研究所）の運営する学術情報検索サイト。日本国内の論文や書籍、博士論文の検索ができ、条件によってはダウンロードリンクも提供される。https://ci.nii.ac.jp/

▶ukiyo-e.org
浮世絵愛好家 John Resig 氏の運営する、ネット上で公開されている浮世絵の検索サイト。詳細な情報から検索でき、同版の刷り違いをまとめて表示することもできる。

った。日本研究を実際にすでにこととしているひとであれば、どこになにがあるかわざわざ素人が案内する必要もないし、単にウェブサイトを網羅するだけであれば、欧米の大学図書館の日本あるいは東アジア担当の図書館員の方々が有用なリンク集を複数構築なさっているので、いまさら出る幕もない。そして、残念ながら、使い方の案内が必要な学術情報・資源もあったのは否めない。くわしくはガイドを見ていただきたいのだが、余力がなかったのであろうか、操作上にあと一歩の配慮をいただけたらと願うウェブサイトには、おせっかいではあろうけれども、簡単な使い方の説明を加えた。利用者が見たいのはクレジットではなく情報資源である。クレジットは資料が使えて初めて見てもらえるのである。目次も索引もない本で著者の経歴が数ページにおよんで掲げられていたら、ひとはどのように思うだろうか。加えて、使い方に関しても説明を加えることで、ほかのリンク集との差別化を図ろうとしたという事情もある。

　もちろん、英語で情報発信する意義は、それぞれの分野で異なるものと思われるので、一般的な回答は使い道に欠けるものかもしれない。また、英語で発信するだけでは足りず、東アジアの諸言語あるいはさらなる西洋諸言語における発信をないがしろにするのも望ましくはない。しかしながら、英語での情報発信がひとつの試金石になっているのは疑うべくもないだろう。日本研究にはそれなりの厚みがあり、いまのところ関心が持たれている分野である。それを世界のひとびとと共有し、さらなる研究の進展に役立てるということは、日本研究の深化とはまたべつに、必要とされていることであるのに違いないと思うのである。

［付記］現在、このガイドは人間文化研究機構総合情報発信センターが管理しており、その責任で修訂を行っている。筆者の名前は残るものの、現在の内容に一切関係を持っていない。

第**6**回 …2015.09

蔵書目録があるデジタル・ライブラリー
──九州大学附属図書館細川文庫のデジタル公開と蔵書目録

タグ☞ #古典学 #文化資源 #電子化 #メタ情報 #九州大学

■ある文庫の価値は蔵書全体によって決まる

　戸を開けると蔵のなかは薄暗く、全体を見渡すことができない。あたりを見渡すと、本が一冊置いてあって、手に取るといかにも大事なもののようだが、じつのところ価値はにわかに分からない。そもそも、なぜこれはここにあったのだろうか。

　以前の繰り返しのようにはなるが、文庫をデジタル化したものを拝見したときに、このように感ずることは少なくない。なぜというに、デジタル・ライブラリーを使ったときに、デジタル化されたものが置かれているだけのことが多く、その文庫のなにをデジタル化したのか皆目分からなくなっているためである。きっと選りすぐりであるに違いないものの、そうしてしまえば、デジタル・ライブラリーは、文庫の真価を伝えるところというより耳目を集める資料を見せびらかすところになってしまう。一般にある文庫の価値は、ただひとつの資料によって決まるのではなく、蔵書の全体によって決まる。たとえば、ひとつひとつの価値はともかく、総体としてすぐれた文庫となっているものに、敦煌莫高窟などがあるのではなかろうか。また高山寺のように優品を数多く抱えるのみならず、その維持にも歴代が苦心を重ねてきた文庫というのは、やはりそれらの優品があるにふさわしい場所ということになる。

■文庫の蔵書目録を備えるデジタル・ライブラリー

　このたび、九州大学附属図書館の細川文庫のマイクロフィルムがデジタル公開された。細川文庫は、細川幽斎の系で、肥後宇土藩主であった細川家の蔵書を九大が購入したもので、250点あまりの文献を数えるという【図1】。これは、国文学研究資料館の「日本語の歴史的典籍の国際共同研究ネットワーク構築計画」プロジェクト▶注 [1] の一環としてデジタル化されたものであるとのことで、細川文庫以外にも、文学部の貴重書と附属図書館の支子文庫などのマイクロフィルムがデジタル化されている。中村幸彦氏と今井源衛氏による解説があり、文庫の来歴や性格を伝え有益である▶注 [2]。これらの解説によって、この細川文庫が歌学を中心にした文庫で、幽斎手沢本などよりも細川家歴代が歌にかかわってきたなかで集められた本に見るべき点があるところだと分かる。

　このデジタル公開が、いま述べたようなデジタル・ライブラリーと一線を画すのは、文庫の蔵書目録を備える点にある【図2】。一点一点のものを見るのは目に楽しいが、本格的に蔵書を利用するとなれば、蔵書目録は欠かすことができない。たとえば、大英図書館の日本関係図書であれ

【図1】九州大学附属図書館細川文庫
https://www.lib.kyushu-u.ac.jp/ja/collections/hosokawa
九州大学附属図書館によるプレスリリースは「国文研プロジェクトによる貴重書デジタル化画像の公開」https://www.lib.kyushu-u.ac.jp/ja/news/1791

ば、それがエンゲルベルト・ケンペル由来なのか、アーネスト・サトウ由来なのか、はたまたいずれとも知らぬいにしえに買い求められたものなのかによって、その資料を見る目というのはおのずから変わってくるものである。それはやはり蔵書が知識の形成と密接にかか

【図2】九州大学図書館細川文庫目録
http://catalog.lib.kyushu-u.ac.jp/recordID/12402

わるところだからであり、たとえばある本がケンペルの持っていたものだとすれば、それがケンペルの『日本誌』にどのように生かされていたか検証の目が向けられるということもあり得るのである。今回の細川文庫の例に照らせば、歌学書が七代藩主立之(たつゆき)の室である福子(とみこ)の蔵書であれば屋代弘賢とのつながりが考えられるとのことであり、その本の評価にもかかわってくるのである。これらはすべて、蔵書の形成というところとかかわるのであり、一冊だけでうんぬんできることではない。

■デジタル・ライブラリーにない資料は決して不要なものではない

　欲をいえば、蔵書目録が同時にデジタル・ライブラリーの目録にもなっていることが一番よい。現在のように蔵書目録とデジタル・ライブラリーの目録がデータ上で分かれていると、どちらかだけでは所蔵資料の全体とデジタル資料の対比ができないし、そうなると蔵書内における位置というものも見えにくくなってしまう。資料があると分かれば、見て見ぬ振りをするわけにもいかないのが研究というものであるとすれば、デジタル・ライブラリーにない資料というものも決して不要なものではないのである。

　また、デジタル化するのにあたって、数ある文献のなかから、どの

▶屋代弘賢
やしろひろかた（1758-1841）。江戸時代の国学者。塙保己一（はなわほきいち、1746-1821）に国学を学び、師の『群書類従』の編纂に加わって、国書の編集を行った。また、蔵書家でも知られる。

ようにそれを選んだかということも分かるとよい。選りすぐりのもの
を公開なさっているのだとは承知していても、すぐれた文庫であれば
あるほど、選りすぐってもその文庫の一面しか代表できないはずであ
る。また、ほかの資料とのかかわりにおいて重要性のある文献という
ものもなかにはあるのであり、あれがなくてこれがなぜというような
疑問に備えるためにも選定基準は示されているべきであろう。

■目録こそ書誌学の神髄

▶ 長澤規矩也
ながさわきくや
(1902–80)。漢学者・
書誌学者。内閣文庫
をはじめとする各
地の文庫目録を編
んだことで特に有
名。

　かつて、書誌学者の長澤規矩也氏は目録こそ書誌学の神髄であると
のよし述べたと聞く。また、書物の整理はまさにその所蔵者を尊敬さ
せるものであり、さればこそ、性急な公開の非なることは明らかであ
った。目録も作れないのであれば、いっそ一点ずつ高解像度 PDF を公
開して、書誌やらなにやらはすべて集合知に任せたほうがまだ有用と
いうことになりかねない（資料のまともな写真を撮るには、資料に対する深い
理解と、なみなみならぬ技量が必要欠くべからざるものであることは千万承知して
いる）。しかし、そのようなことはなかろう。蔵のなかを、歩き回るの
に十分なだけ明るく灯してさえくれるならば、蔵の守人の英知は伝わ
りもし、公開に及んだことに評価を勝ち得もするのではなかろうか。

▶注
[1]「日本語の歴史的典籍の国際共同研究ネットワーク構築計画」プロジェクト『国
　文学研究資料館』
　https://www.nijl.ac.jp/pages/cijproject/
[2] 中村幸彦「細川文庫について」
　http://catalog.lib.kyushu-u.ac.jp/recordID/19502
　今井源衛「細川文庫のこと」（レジュメ第 4 ページに複製）
　http://catalog.lib.kyushu-u.ac.jp/recordID/16087

第7回 …2015.10

資料を世界につなぐということ
―― ウィキメディア・プロジェクトからの思いめぐらし

タグ☞ #シチズン・サイエンス　#文化資源　#電子化　#オープン・データ
　　　#ウィキペディア　#ウィキメディア財団

▶ウィキメディア・コモンズ
Wikimedia Commons。ウィキメディア財団の運営するプロジェクトのひとつで、ウィキペディアなど多数あるウィキメディア財団のウィキサイトで利用する、画像や動画などのマルチメディアコンテンツを集中的に集積するためのもの。
https://commons.wikimedia.org/

■ウィキペディアを運営するウィキメディア財団とは

　ウィキメディアというと読者諸賢には耳慣れないかもしれないが、ウィキペディアといえば、一度ならず参照なさったこともあるのではないだろうか。ボランティアによる統治のもとに展開されるオープンな百科事典プロジェクトであるウィキペディア【図1】を運営するウィキメディア財団（Wikimedia Foundation：WMF）は、知識の全世界的普及を推進する非営利団体であり、百科事典のウィキペディア以外にも、自由な辞書であるウィクショナリー▶注[1]、自由なメディアリポジトリであるウィキメディア・コモンズ▶注[2]など、さまざまなプロジェクトをも展開している▶注[3]。ここでいう自由とは、費用がかからないということを超えて、利用形態の自由を保障することも含んでいる。だから、ウィキメディアの多くのプロジェクトでは、発足当初から単に再

【図1】日本語版ウィキペディア
https://ja.wikipedia.org/wiki/%E3%83%A1%E3%82%A4%E3%83%B3%E3%83%9A%E3%83%BC%E3%82%B8

利用が可能なだけではなく、それを再利用可能であらしめ続ける著作物利用規定への同意を最低限のルールとしている▶注 [4]。

さて、2015 年 10 月 11 日及び 12 日に WMF の事務長であるライラ・トレティコフ氏（Lila Tretikov）の訪日を受けて OpenGLAM JAPAN シンポジウム、そして日本在住のウィキメディア・プロジェクト参加者（ウィキメディアンと自称する）を対象にしたミートアップが開催された▶注 [5]。以下、本稿ではそれぞれをシンポジウム、ミートアップと呼ぶこととする。筆者は、長年ウィキメディア・プロジェクトにかかわっていることもあり、両日ともに参加した。シンポジウム・ミートアップそれぞれ Twitter で内容が中継されたものが Togetter に集約されているのでくわしい雰囲気などはそちらを参照されたい▶注 [6]。

■知識を全世界に広めることを使命とする

シンポジウムでは、トレティコフ氏及び WMF のコミュニティー・アドボカシー・チーム（コミュニティー援助チームとでも訳し得ようか）のヤン・アイスフェルト氏（Jan Eissfeldt）からウィキメディア財団の活動指針や、GLAM への支援などを念頭において具体的な活動内容についての説明がされたのち、オープン・データや、オープン・ガバメントの観点から日本におけるさまざまな取り組みに関するパネルが持たれた。ミートアップでは、前日同様にトレティコフ氏及びアイスフェルト氏から、今度はコミュニティーに対する説明がなされたのち、ウィキペディア日本語版の歴史や日本語版の各プロジェクトの現況、ウィキペディア・タウンの試み、英日翻訳授業について日本の参加者から報告があった。イベント全体に関する内容はそちらを参看いただくとして、ここではシンポジウムでトレティコフ氏からはなしのあったことを中心に、ウィキメディアにコンテンツを載せ、活用することに関して紹介したい。

WMF は、すでに述べたごとく、知識を全世界に広めることを使命としている。そのためには、ボランティア参加者の協力が不可欠であ

るばかりでなく、コンテンツ収蔵機関との連携によって、利用可能な資源を増やしてゆくことも重要な選択肢である。その協働のひとつとしてドイツ連邦文書館（Bundesarchiv）の事例が紹介された【図2】。これは、ドイツにおけるウィキメディアンの組織であるウィキメディア・ドイツ（Wikimedia Deutschland）とドイツ連邦文書館の連携のもと、ウィキメディア・コモンズに対してドイツ連邦文書館の持つ未整理の近代写真をアップロードし、ウィキメディア・コモンズでメタデータを必要に応じて付与、両者で共有するというものである。ウィキメディア・コモンズでは、ウィキベースで情報を管理できるだけではなく、メタデータのような形式

【図2】https://commons.wikimedia.org/wiki/Commons:Bundesarchiv

【図3】https://en.wikisource.org/wiki/Wikisource:NARA

的なデータも扱えることを強みとして、8万点にも及ぶドイツ連邦文書館の写真を受け入れることができた。コミュニティーによる関与が可能であるため、機械学習によって整理できることがあればそれも実行できるだろうし、人力のほうが有利な場面では共同作業が行われることとなる。

また、もうひとつアメリカ国立公文書記録管理局との協働の例が紹介された【図3】。こちらは、単に文書を公開するだけでなく、文書をデジタル翻刻することまでもくろんでいる。公文書館の文書群は、名目上「大衆に開かれている」が、画像があるだけではインターネット上

【図4】ウィキソース
https://wikisource.org/wiki/Main_Page

▶ウィキソース
ウィキメディア財団の運営するウィキを利用したプロジェクトのひとつ。さまざまなテキスト資料を集積するのが目的。https://www.wikisource.org/

で利用可能とはいいがたい。そこで、このプロジェクトでは、公文書館の収蔵する文書を電子化し、ウィキメディア・コモンズにアップロードしたうえで、ウィキソースという文字資料のリポジトリ【図4】で翻刻するということを目指している。ウィキソース上では、文書のメタデータ管理及び翻刻が行われている。翻刻用には、専用の補助ツールがあって、校正状況なども容易に確認ができるし、そこから公開用のデータを整えることもあまり難しいことではない。これは現在進行中のプロジェクトであり、ウィキソースとしてはコンテンツやコミュニティーの強化につながり（同様のプロジェクトをホストすることが可能になるだろう）、公文書館としては資料が名実ともに「使える」ようになるというメリットがある。

■プラットフォームとコミュニティー

　日本に関する資料のデジタル化も日々行われている。そんななか、資料が全世界的に利用可能であるためには、プラットフォームの持つ力は非常に大きい。ドイツ連邦文書館などは、おそらくは、へたにGoogleなどと組むよりもよほど資料を利用可能にすることに成功できたのではないだろうか。もちろん、これにはドイツのウィキメディアンにそれを受け入れる土台がすでにあったことは言をまたない。だから、最終的には終わりつきせぬ人的資源の問題にたどり着くのだろうが、それを支えるコミュニティーをはぐくむということでも、ウィキメディア・プロジェクトから学ぶこと、あるいはウィキメディア・プロジェクトと手を組むことには、まだまだ可能性があるのではない

だろうか。

▶注

[1]「ウィクショナリー」

https://www.wiktionary.org/

[2]「ウィキメディア・コモンズ」

https://commons.wikimedia.org/wiki/%E3%83%A1%E3%82%A4%E3%83%B3%
E3%83%9A%E3%83%BC%E3%82%B8

[3] https://wikimediafoundation.org/wiki/Our_projects

[4] Wikipedia:Five pillars.

https://en.wikipedia.org/wiki/Wikipedia:5P

及び

Wikipedia: 五本の柱

https://ja.wikipedia.org/wiki/WP:5P も参照。

[5] 第 6 回 OpenGLAM JAPAN シンポジウム「オープンガバメント・オープンデー
タの将来」

https://www.facebook.com/events/1707436689485141/

Wikipedia: お知らせ /2015 Wikimedia Tokyo meetup with Lila

https://ja.wikipedia.org/wiki/Wikipedia:%E3%81%8A%E7%9F%A5%E3%82%89
%E3%81%9B/2015_Wikimedia_Tokyo_meetup_with_Lila

[6]「第 6 回 OpenGLAM JAPAN シンポジウム「オープンガバメント・オープンデ
ータの将来」#OpenGLAM」『Togetter』

http://togetter.com/li/885704

「Wikimedia Tokyo meetup with Lila まとめ」『Togetter』

http://togetter.com/li/885899

[付記] トレティコフ氏は、その後運営方針をめぐりユーザーコミュニティーと対
立し、退任したが、本稿そのものにはかかわらない。

第**8**回 …2015.11

変体仮名の Unicode 登録作業がはじまった

タグ☞ # 文字情報　# 標準化　# 電子テキスト　# フォント　#Unicode

▶Unicode
ユニコード。国や
地域で分立してい
た文字コードをひ
とつのものとすべ
く Xerox を中心に
1989 年に最初の草
案が発表された。現
在は多くの組織が
参画して世界中の
文字をコンピュー
ター上で統一的に
扱う文字コード規
格を整備している。

■文字コードのひとつである Unicode

　いまのコンピューターでは、日本語を扱うに際して、変体仮名を扱うことができない。ここでコンピューターで扱うことができないというのは、変体仮名であるという情報をコンピューターが扱うことができないということである。ただ単に画面に表示するだけであれば、たとえば専用のフォントを作り、ほかの文字に割り当てて変体仮名を表示させるようにすればどうにかなる（このようなフォントはすでに存在している）。しかしながら、人間はともかく、このようなデータを受け取っても、コンピューターは単にもともとの文字が送られてきたと思うだけで、変体仮名のなにがしかが送られてきたとは思わない。データは、その文字の番号として送られてくるからである。いわば、漢字字典の何番の文字とだけ送られてくるということで、フォントが違っていてもコンピューターには判断できないのである。そうではなくて、コンピューターが変体仮名が送られてきたと分かるようにするには、この文字の番号を変体仮名に割り当てる整理をする必要がある。そのような文字の番号を文字コードといい、そのひとつである Unicode への登録作業▶注 [1] がいま進行中なのである。

■オランダの一個人が変体仮名の登録をリクエスト

　そもそもの発端は Unicode にオランダの一個人が変体仮名の登録をリクエストしたことにあるという▶注 [2]。その後、しばらく動きはな

かったが、2013年より日本側で需要の調整を図って、変体仮名の文字集合の選定から再出発し▶注[2]、10月に、あらためて日本から変体仮名のUnicodeへの登録申請を行い、登録に向けて審議が開始されたとのことである▶注[3]。

変体仮名とは、基本的には、現代の平仮名と同列に用いられていたが、明治以降、現代の平仮名に統一されて常用されなくなったものをいう。しかしながら、現在でも看板・暖簾（よくいわれるのに「生（漢字＝き）楚（変体仮名＝そ）者（変体仮名＝ば）」と書いてあるそば屋の看板がある【図1】）やのぼりに見かけるところであるし、昭和期まで名付けに使われていたため、戸籍システムには変体仮名が現在も用いられていることから、コンピューター上で扱えることに意義がなかったわけではないのであるが、これまで日本語の文字コードを管理してきたJISでは、収録すべき仮名が確定できないとしてこれまでは収録が見送られてきていた▶注[4]。具体的には、どの仮名を収録すべきか決定打がないことに加え、「図形文字として十分に同定可能な安定した字形を示すこと」、「変体仮名とそのもととなった漢字の草書体とを明確に区別すること」などが困難であるとされた▶注[4]。

【図1】群馬県内のそば屋の看板
https://commons.wikimedia.org/wiki/File:Soba_restaurant_by_nyaa_birdies_perch_in_Gunma.jpg

▶JIS
日本工業規格のこと。日本での工業品の守るべき水準を定める国家規格である。JIS漢字も、あくまで日本語を扱うコンピューターの文字処理に関する規格を定めるものであった。

■現在の変体仮名の研究の問題点を浮き彫りにした採録基準

今回の提案では、JISの留保を踏まえ、「現在流通している変体仮名」というものを設定して採取することで安定性を確保しようとしたことに特色がある▶注[5]。現在流通している変体仮名とは、戸籍システムで使用されている変体仮名（「行政用変体仮名」）と、学術研究上に用いられている学術用変体仮名（正確には「学術情報交換用変体仮名」）からなるとされた。学術用変体仮名は、印刷会社の使用しているもの、明治時

代の本文サイズ活字及び教科書、現代の代表的な変体仮名フォントの変体仮名一覧、また、古文書等の活字化に用いられたもの、変体仮名の研究論文にあらわれたものを採取範囲として、既存の変体仮名字典と照合することで実用的な変体仮名を割り出したという▶注 [2]。さらに、当初はひとつの変体仮名が複数の音をあらわすのに用いられていることがあるときは、べつのコードを割り振ることとしていたが、最終的に複数の音をあらわす変体仮名についてもひとつのコードにすることとなった▶注 [6]。

今回の選定は、JIS の収録留保をある程度乗り越えられた一方で、現在の変体仮名の研究の問題点を浮き彫りにしている点も見られる。紙幅から詳細には及ばないが、ひとつには、漢字であれば提供されていた包摂基準というものが提供できなかったことである。変体仮名は、その起源となった漢字（字母）からいくつかの崩し方が並行して用いられることがある。そのあり得べきバリエーションは、基本的にすべてひとつのコードでやりくりするとのことだが、特に行政用変体仮名のばあい、すでに同じ字母から複数の変体仮名が登録されているケースがあり、また、学術用変体仮名としても、かたちによって使い分けが認められている例などがあってそういうものはべつべつに採録している▶注[3]。この処置の妥当性を考える基盤は現在ないように思われる。また、最大の問題としては、このような学術用変体仮名のリストがこれまでなかったことなのではなかろうか。選定にあたったグループの方々の労苦を思うものだが、これまでにそのような検討が十分になされてきていれば、なにも「現代の」変体仮名に限定することなく、歴史的な使用にも十分耐える（と確信できる）変体仮名の Unicode 登録もできたのではないだろうか。

このまま順調に登録されて、変体仮名が情報処理に用いることができるようになったとき、どのように利用されていくのか、遠い先の話ではあるが、興味の尽きないことである。

▶注

[1] 正確には ISO/IEC 10646 への登録であるが、便宜に従う。ISO/IEC 10646 と Unicode との関係は、ウィキペディアの該当項目（「ISO/IEC 10646」や「Unicode」）などにくわしい。

[2] 高田智和・矢田勉・斎藤達哉「変体仮名のこれまでとこれから：情報交換のための標準化」『情報管理』58、2015〈doi:10.1241/johokanri.58.438〉

[3]「UTC の文書 L2/15-239」
http://www.unicode.org/L2/L2015/15239-hentaigana.pdf

[4]「JIS X 0213:2000 解説」p. 512

[5] 基本的には、JIS も現代流通している文字を収録するはずであるが（「"[…] 現代日本語を符号化するために十分な文字集合を提供すること"を第一として作業を行っている」、JIS X 0213:2000 解説、p. 509）、変体仮名にたいしては、歴史上の変体仮名をどのように符号化するかという点に困難を見いだしたように思われる。そういう前提を想定すると、確かに歴史上の変体仮名は漢字のように正字とすべきものもなく、微細な違いが生まれやすく、また新しい仮名をいくらでも生み出せるという、符号化すべき文字集合を定めがたい性質を有するという発想も自然に思えるが、ただ、解説の短い記述からここまでの推断は避けるべきかもしれない。

[6]「UTC の文書 L2/15-300」
http://www.unicode.org/L2/L2015/15300-hentaigana-revised.pdf
及び
「Recommendation M64.08 L2/15-256」
http://www.unicode.org/L2/L2015/15265-n4701-wg2-rec.pdf

[付記] その後作業が進み、2017 年 6 月に Unicode 10.01 において変体仮名が登録され、現在はコンピューター上で変体仮名が使用可能となった。また ISO/IEC 10646:2017 の修正 1（ISO/IEC 10646:2017/Amd 1:2019）が 2019 年 10 月に正式発行され、登録作業が完了した（https://www.iso.org/standard/70766.html）。なお、岡田一祐「Unicode 10.0 における変体仮名収録」（『漢字文献情報処理研究』17、2018）も参照のこと。

第**9**回 …2015.12

日本語古典籍のオープン・データセット
—— 「国文研古典籍データセット（第 0.1 版）」の公開

タグ☞ #オープン・データ　#データセット　#文化資源　#電子化　#国文学研究資料館
　　　#人文学オープンデータ共同利用センター

■自由に用いることができる古典籍画像のデータセット

　2015 年 11 月 10 日に、国立情報学研究所を通じて、「国文研古典籍データセット（第 0.1 版）」が公開された【図1】。これは、国文学研究資料館（国文研）が中心となって行っている「日本語の歴史的典籍の国際共同研究ネットワーク構築計画」の一環として行われたものである【図2】。データセットとしては、画像データ・書誌データ・本文データ・タグデータの組み合わせからなり、国文研の所蔵する 350 点の資料について公開されたものである。画像データと書誌データは全資料について存在し、本文データとタグデータについては一部のものにとどまっている。オープン・データセットとして広く研究に供するために、本データセットに

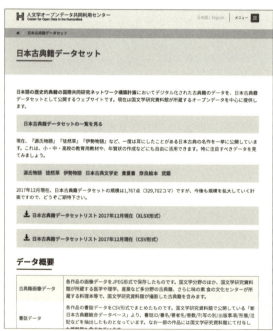

【図1】後述するように、現在は「人文学オープンデータ共同利用センター」から公開されている。http://codh.rois.ac.jp/pmjt/

はクリエイティブ・コモンズの表示・継承ライセンスが適用されている（CC BY-SA 4.0）。このライセンスは、利用者が本データセットを利用したことを明示し、同じライセンスを採用することを条件に、いかなる条件であろうとも再利用を認めるというもので、利用が制限されたデータセットに対して、自由に用いることができるという意味でオープン・データセットと呼ばれる。

■多種多様の分野を網羅しようとし、画像を中心としたもの

本データセットには、ふたつの側面があろうと思う。まずは、古典籍のデジタル画像コレクションを提供するという以前からある側面、次に、コンピューターでの処理が可能なデータセットとしての側面である。単に自由に利用できる前近代の資料のデジタル画像コレクションということであれば、東寺百合文書を思い浮かべるが【図3】、それと本データセットの違いは、まさにデータも提供しようという点にあろうかと思う。ただし、どちらの側面についても、くわしい説明は筆者には見つけられなかったので、不備の多いことはお許し願いたい▶注 [1]。

【図2】日本語の歴史的典籍の国際共同研究ネットワーク構築計画
https://www.nijl.ac.jp/pages/cijproject/

【図3】東寺百合文書WEB http://hyakugo.pref.kyoto.lg.jp

まず、コレクションとしては多種多様の分野を網羅しようとしたことに特色がある。これは、「日本語の歴史的典籍」を総合的に分析しようというときには欠くべからざることであろう。文学書・料理書・医書・本草書・史書など多分野の典籍が集められ、前近代の知のありかたに迫る基盤たろうという意図があらわれている。なぜこれがある・これがないという感想を持たないではないが、事情がいろいろお

国文研データセット簡易Web閲覧

A simple viewer for an Open Dataset of National Institute of Japanese Literature

Try to drag and drop 📱 to a(n?) IIIF viewer!

このサイトは、国文研データセットを、フリーソフト＋片手間の細切れなべなく見やすくしているサイトです。常に発展途上ですのでご注意ください。（ライセンス表示はページ下部をご覧ください）（2015/1/19 初公開）

当サイトでは、ビューワとして Opendataについて、Universal Viewer、Mirador を試用しています。Miradorの利用法はこちらから→（「選集・題箋箱」「日本文学」「寛政式郵品集」「任那の例」）いずれもフリーソフトです。（2016/3/1）

IIIFに対応しています。IIIF Manifestというリンクから各典籍の IIIF Presentation API対応のJSONファイルを取得できます。このURLを使えば好きな IIIF対応ビューワに画像を読み込めるようになっています。（参照：IIIFの解説）（2016/3/1）

タグ通照機能追加しました。「タグをつけるとこういう風にいいことがあるかもしれません」ということを見ていただくためのパイロット版です。元データにおいてタグと画像番号との間にずれが生じている場合があり、ヒットしたタグと当該ページがぴったり表示されない場合もありますのでご注意ください。それを含めまた上で、あくまでも可観性の一端を垣間見せるという観点から、ぜひお試してみてください。（2016/2/17）

タグ検索試行版（各画像に付与された「タグ」で画像を検索できますがまだ試行版です。）

変更履歴　［開く］

フォルダ名	OD分類	統一書名	刊年・書写年（西暦）年刊・写	冊数（巻数）	解題/タグ/本文
NIJL0001	日本文学	源氏物語 (IIIF Manifest) UV - Mirador -	承応3 (1654) 年刊	54冊	本文あり/
NIJL0002	日本文学	二十一代集 (IIIF Manifest) UV - Mirador -	正保4 (1647) 年刊	53冊	本文あり/
NIJL0003	日本文学	芥囊鈔 (IIIF Manifest) UV - Mirador -	享保6 (1721) 年刊	1冊	解題あり/
NIJL0004	日本文学	土佐日記 (IIIF Manifest) UV - Mirador -	万治2 (1659) 年刊	1冊	タグあり/
NIJL0005	日本文学	うつほ物語伝 (IIIF Manifest) UV - Mirador -		1冊	タグあり/
NIJL0006	日本文学	馬鳴百人一首 (IIIF Manifest) UV - Mirador -		1冊	タグあり/
NIJL0007	日本文学	絵本機織樹 (IIIF Manifest) UV - Mirador -	元文3 (1738) 年刊	3冊	解題あり/
NIJL0008	日本文学	絵本拾句調 (IIIF Manifest) UV - Mirador -		1冊	タグあり/

【図4】国文研データセット簡易 Web 閲覧
http://www2.dhii.jp/nijl_opendata/openimages.php
登場回数順タグリストは
http://www2.dhii.jp/nijl_opendata/openimages.php?md=tagmisc

ありだと思うので、今後の拡充を期待するにとどめておく。とはいえ、源氏を知らぬのに狭衣を読ませられるようなことはつらい。各分野とも中心的なもの、周縁的なものがあると思うので、中心的なものも利用できるようになるとうれしい。そもそも、歴史的典籍の利用を広げるという当初の目的からいえば、「なぜこれがある」というのは大した問題ではなく、単に、「これがないのになぜこれがあるのだろう」というやっかみにすぎないといえる。使えるものが増えてゆけば問題は薄れるはずである。

　次にデータセットとしては、画像を軸にしたものといえそうである。そういう意味では、データのセットとしては発展の余地ありであろう。情報学研究所のウェブサイトではデータ・パッケージのダウンロードしかできないが、永崎研宣氏がすでに全点をウェブ上で公開なさっており、さらにタグを整理して画像との対応がウェブ・ブラウザー上で確認できるようにもなっている【図4】。オープンである利点であろう。永崎氏のサービスを見ながら、タグには、位置情報も無用ではないながらも▶注 [2]、それに加え、本文情報とセットになって効果を発揮するものもあるだろうし、タグではなくリンクト・データとして整備したほうが有用なものもあるのだろうと思った。前者については、特に文章にタグ付けするときには、本文を整備しながらタグ付けすることで精度も上がっていくと思うので、タグが付けられたものと本文が整備されたものとがそろっていない現状はもったいなく感じられる。後

▶リンクト・データ
Linked Data。W3C（第23回で解説）が制定したもので、データに説明をリンクさせて詳しく述べるためのフォーマットということができる。第13回に詳しく説明している。

者としては、たとえば武鑑のタグは職位をまとめたもののようであるが（なぜ人名を取らないのかはよく分からない）、だれがその職にあるのかと結びつかなければ活用しにくいというようなことが挙げられる。プロジェクトではソーシャル・タギングの導入も検討なさっているそうであるが、メタデータのありようとして、破綻しない程度に幾種類かのアノテーション（注釈情報）を検討する価値もあるのではなかろうか。

■基礎的なデータ公開を提示することがまず何よりも重要

なお、データ整備としては、書誌データや本文データ、タグデータの仕様が明らかでなく、使いにくい。提供できる量を増やすために既存のデータを流用したためでもあろうが、個別に対応するところが増えるのは望ましいこととはいいがたく、たとえば書誌データにおけるDublin Core などの国際規格に準拠してくれればそのような手数が相対的に減らせるので、データセットとしての価値も上がるだろうと思う。書誌データの整備は資料そのものに直接触れられる者でなければできないことであり、とりわけお願いしたいことである。

日本語の古典籍のオープン・データセットという取り組みはこれまでになく、コレクションとデータセットの整備という二側面をどちらも開拓しながら進めなければならないところであり、さまざまな困難に直面なさっていることだと思う。国文研のプロジェクトで実行にあたられる増井・山本両氏のことばに、「本事業では画像データを含め、基礎的なデータ公開を提示することがまず何よりも重要であり、そのうえで、研究の活性化・発展、既存の学問分野をまたいだ異分野融合の醸成を図ることを目指した」とある▶注 [1]。直接本データセットについて述べられたものではないが、至言であろう。基礎的なデータは土壌であり、本文作成などそれ以降のことは、土壌を耕し、作物を育てることに属す。これまで耕すことのできる土地がどれだけだったか、あるいはどれだけ公共に開かれていたかと思えば、この挙は決して暴挙ではないことがうかがわれるのである。

▶Dublin Core
資料のメタデータ記述に用いられる語彙のひとつで、国際規格ともなっている。データの作成者、タイトル、作成日などの基本的なデータを記述する語彙が提供される。http://www.dublincore.org/

▶注

[1] プロジェクト全体に関しては増井ゆう子・山本和明（『情報の科学と技術』65（4）、2015〈http://ci.nii.ac.jp/naid/110009923167〉）にくわしいが、本データセットについては触れるところがない。山本和明「大型プロジェクトの進捗状況について：基盤整備・機能強化の側面より」（『リポート笠間』59、2015〈http://kasamashoin.jp/2015/12/59_20141132.html〉）に、本データセットの簡単な紹介があるが、「30万点の画像データベース」とのかかわり、本データセットの細部や今後の展望はよく分からないところがある。

[2] 永崎研宣「日本の古典籍のオープンデータ！　その1」『変更履歴　はてな版』2015〈http://d.hatena.ne.jp/digitalnagasaki/20151126/1448563605〉

　　永崎研宣「日本の古典籍のオープンデータ！　その2」『変更履歴　はてな版』2015〈http://d.hatena.ne.jp/digitalnagasaki/20151127/1448644458〉

　　タグについての課題も触れられている。

[付記1] 当初は国立情報学研究所データセット共同利用研究開発センターより公開されていたが、2016年11月の正式公開に伴い、情報・システム研究機構データサイエンス共同利用基盤施設人文学オープンデータ共同利用センターに移管のうえ、「日本古典籍データセット」に改称された。2019年1月現在、3,126点（609,631コマ）が公開されている。

　　そのときプロジェクトで注力したデータが優先されるようで、バランスは必ずしも改善されていない。

[付記2] 国文学研究資料館の松田訓典氏から本稿の一部への解説がされている。

　　松田訓典「古典籍活用の未来」『人文情報学月報』54、2016〈https://www.dhii.jp/DHM/dhm54-1〉

第 **10** 回 ~ 第 **21** 回

2010

第 **10** 回 …2016.01

コレクション共有から拡がる展覧会、展覧会から拡がるコレクション共有
―― アムステルダム国立美術館で Breitner: Meisje in kimono 展が開催

タグ☞ #西洋美術 　#文化資源 　#電子化 　#オープン・データ 　#デジタル・キュレーション
　　　#アムステルダム国立美術館

■ユーザが自由にコレクションし、共有できるサイト

　オランダのアムステルダム国立美術館において【図1】、Breitner: Meisje in kimono 展（「ブレイトネル：着物姿の少女」）が 2016 年 2 月 20 日から 3 月 22 日まで開催された▶注 [1]。この展覧会は、ヘオルヘ・ヘンドリック・ブレイトネルの 14 点のジャポニズムの連作を中心としたもので、初公開の一点を含む 14 点全点を初めてまとめて公開するものであるという。アムステルダム国立美術館は、所蔵品のデジタル・コレクションを広く公開し、それを Rijksstudio（「ライクススタジオ」、国立美術館「Rijksmuseum」のスタジオの意）と称して、ユーザが自由にコレクションし、共有できるようにしている【図2】。現在公開中の Asia > Amsterdam 展（「アジア>アムステルダム」）▶注 [2] の特集ページにおいてもキュレーターの作成したコレクションへのリンクをしているように、今回の展覧会でも有効活用しているようである。

【図1】
Rijksmuseum – The Museum of the Netherlands - in Amsterdam　https://www.rijksmuseum.nl/en

Rijksstudio は、国立美術館の改修の一環として設けられたもので、2012年10月に公開された。当時の『カレント・アウェアネス-R』誌などに特集され▶注 [3]、また Museum and the Web 2013 において Best of the Web 賞の Innovative 部門、投票部門、最優秀賞を受賞したときにデジタル部門責任者だった P. Gorgels 氏による紹介文▶注 [4] などもあって、いまさらの感もあるとは思うが、あらためて見てみたい。

【図2】Rijksstudio
https://www.rijksmuseum.nl/en/rijksstudio

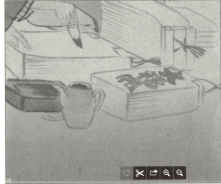

【図3】ハートのマークがアルバム配置機能を含み、ハサミのマークが切り抜き機能を含む。

■パブリック・ドメイン画像は活用自由

　Rijksstudio のページにアクセスすると分かるように、コレクション機能では、気に入った館蔵品のデジタル画像の全体を保存するだけではなく、切り抜き機能やアルバム配置機能も備えており、利用者がコレクションを楽しめるようになっている【図3】。Rijksstudio のシステムは、国立美術館公式の作品紹介とも連動しており、紹介に用いられている画像から直接 Rijksstudio の自分のコレクションに追加することができるようになっており、また、利用者の作成したコレクションが作品紹介ページで一覧できるようになっている。2016年の Rijksstudio で公開された画像は、開始時の12万点あまり▶注 [4] から27万点▶注 [5] にまで増大し、また23万点以上のユーザによるコレクションが公開され（2016年1月17日日本時間）、さらに機能追加も継続的に行われているようである。ブログなどは特にないようだが、先の Gorgels 氏のブログでアップデートが報告されている▶注 [5]。また、国

立美術館の公開しているコレクションの画像は、パブリック・ドメインに置かれ、活用が自由である。「フェルメールをトイレット・ペーパーに使いたいというなら、(ネット上の) 質の低い画像を使うよりも (Rijksstudio の) 高画質のフェルメールの画像を使ってほしい」とさえいったそうであるが (▶注 [3] の *NY Times* 記事を参照)、2014 年より活用賞が設けられ▶注 [6]、ほかに類を見ないオープンさはいまなお衰えていないようである。

【図4】
Kimono-Collected works of Cully
https://www.rijksmuseum.nl/en/rijksstudio/125663--cully/collections/kimono

■デジタル化や公開の範囲を狭めないことで生まれる新しい波

さて、ブレイトネル展の開催に先立ち、国立美術館から▶注 [7] のようなニュースレターが届いた (なお、▶注 [7] はオランダ語版のものだが、英語版の講読設定をしていなかったので、英語版の詳細は筆者は承知していない)。題名には "Maak je eigen kimonoverzameling met Rijksstudio!" (「Rijksstudio で着物のコレクションを作ろう」) とあり、国立美術館の所蔵する浮世絵や着物、端切れの画像のコレクションのひとつが示されていた【図4】。興味深いことには、これは▶注 [3] で紹介した展覧会のようにキュレーターによるコレクションが紹介されるのではなく、いちユーザのコレクションを紹介していることであろう。これによって、単にジャポニズムの背景を伝えられるだけでなく、閲覧者がさらにコレクションを探索し、自身のコレクションを作って公開することを促すことができ、そして、それが展覧会の宣伝にもなるわけである。

もちろん、改修に伴って大規模に館蔵品のデジタル化を進めることができたという好条件があり、またオランダが国を挙げて文化財をオープンにしてゆく姿勢を取っているという背景があってこそ、このような試みが可能となったのであり、第二、第三の Rijksstudio が続くと

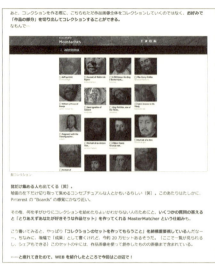

【図5】美術館 WEB の game changer（1）：アムステルダム国立美術館の WEB 戦略【前編】（arts marketing）
http://artsmarketing.jp/archives/2801

いうことがないのであろう。ただ、アムステルダム国立美術館における教訓といえそうなことは、やはり、デジタル化や公開の範囲を狭めなかったことにあるのではなかろうか。特にデータをオープンにするときは、よくも悪くも、思いがけない使われ方ができなければ発展しないものである。【図5】では、あご鬚のコレクションが紹介されているが、自由な見方に委ねることで、新しい波が生まれるということを示している。

▶注

[1] https://www.rijksmuseum.nl/en/breitner

[2] Asia > Amsterdam. *Rijksmuseum*. https://www.rijksmuseum.nl/en/asia-in-amsterdam

[3] 「所蔵作品 125,000 点の高精細画像が無料でダウンロード・再利用可能、アムステルダム国立美術館がウェブサイト"Rijksstudio"を公開」『カレントアウェアネス』〈http://current.ndl.go.jp/node/22242〉

Nina Siegal. Masterworks for One and All. *New York Times*. 28 May 2013.〈http://www.nytimes.com/2013/05/29/arts/design/museums-mull-public-use-of-online-art- images.html〉

[4] Peter Gorgels. Rijksstudio: Make Your Own Masterpiece! Paper presented at *MW2013: Museums and the Web 2013*, Portland, OR, April 2013.〈http://mw2013.museumsandtheweb.com/paper/rijksstudio-make-your-own-masterpiece/〉

[5] Discover the New Features of Rijksstudio.〈https://www.linkedin.com/pulse/discover-new-features-rijksstudio-peter-gorgels〉

[6] 2017 International Rijksstudio Award
https://www.rijksmuseum.nl/en/rijksstudio-award

[7] Het mooiste uit Rijksstudio: Kimono.
https://news.rijksmuseum.nl/2/4/158/1/Pzcii7FuuzDlG36Gqxk_4_4bzPmzNdRjv7QJCPm9MN2yNp2D_RJf0MZW_A6yHEJa_3lk0zyJwjctWoirpeghFQ

［付記］2019 年 7 月現在、67 万点の画像と 48 万点ちかくのコレクションが公開されている。活用賞については、2017 年から 3 年ぶりに 2020 年いっぱいをかけて開催される運びとなった。

第 11 回 …2016.02

日本の古文献手書き文字をアプリで学ぶ
――「変体仮名あぷり」「くずし字学習支援アプリ KuLA（クーラ）」
「木簡・くずし字解読システム―MOJIZO―」

タグ☞ #デジタル人文学　#学習支援　#シチズン・サイエンス

　　#早稲田大学　#カリフォルニア大学ロサンゼルス校　#大阪大学

　　#奈良文化財研究所　#東京大学史料編纂所

■「変体仮名あぷり」「くずし字学習支援アプリ KuLA（クーラ）」

　100年前の日本の手書き文字は、いまの文字の知識ではほとんど太刀打ちができない。そこで、古い文献を扱うには、まず文字を学ぶ必要があるのだが、第8回で述べたように、変体仮名やそれに負けず劣らず漢字の崩し方もいまとは流儀が違っていて、そういうものを読むのは慣れと経験が大きくものをいう世界になっている。大学の入門科目で、読みやすいからといって先生に渡されるものが文字として認識できず、「これで読みやすいとはいったい？」などと思ったりもするものである。そんな古文献の手書き文字の学習支援アプリが近時たてつづけにふたつリリースされた。

　ひとつめは、早稲田大学とカリフォルニア大学ロサンゼルス校が2015

【図1】以下の記事も参照のこと。
https://networks.h-net.org/node/20904/discussions/94186/hentaigana-app
http://www.waseda.jp/top/news/34162
【図2】KuLA には Android 版、iOS 版がある。

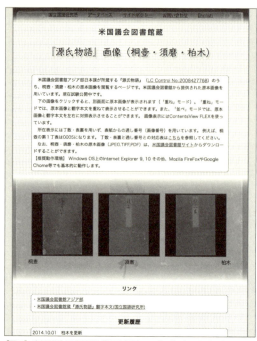

【図3】米国議会図書館蔵『源氏物語』画像（桐壺・須磨・柏木）
http://dglb01.ninjal.ac.jp/lcgenji_image/

年秋にリリースした「変体仮名あぷり」【図1】であり（Android 版は 2015 年 10 月 29 日、iOS 版は 11 月 4 日。英語版の名称は"The Hentaigana app"）、そしてもうひとつは、2016 年 2 月 18 日に大阪大学がリリースした「くずし字学習支援アプリ KuLA」【図2】（以下、「KuLA」。本稿にいう（日本の）古文献の手書き文字は KuLA にいうくずし字と同じものを指している）である。「変体仮名あぷり」は、早稲田大学と UCLA の連携プロジェクト「柳井正イニシアティブ　グローバル・ジャパン・ヒューマニティーズ・プロジェクト」の一環として UCLA のマイケル・エメリック氏が中心となって開発され、「KuLA」は、大阪大学大学院文学研究科の飯倉洋一氏が代表者の挑戦的萌芽研究「日本の歴史的典籍に関する国際的教育プログラムの開発」の一環として開発されたものである。このふたつの名称の差にあらわれているように、「変体仮名あぷり」は仮名を中心としたものであり、「KuLA」は漢字と仮名の両方を含めたものとなっている（ただし、【図1】キャプションの記事のエメリック氏の投稿を見る限り、「変体仮名あぷり」も今後の漢字への拡張を予定しているようである）。

　　これまで古文献の手書き文字は容易に習得できるものではなく、そこにこのふたつのアプリがあらわれた意味は大きい。変体仮名学習ソフトウェアは楊暁捷氏らの kanaClassic が筆者の知る限り最も古いもののようであるが▶注 [1]、その後に続くものも管見のうちにはなく、現在の環境で学びやすいものはなかったといってよい。唯一、国立国語研究所による「米国議会図書館蔵『源氏物語』画像（桐壺・須磨・柏

木）」【図3】が、古文献手書き文字の教材ともすべく、翻字と原本画像を容易に対比できるようにしているのを見るのみである。英語圏においても古文献の文字を読み解くのはたやすいことではないものの、学習用アプリは特に開発されてもいないようで（iTunes Store 及び Google Play 内を検索した結果による）、開発者の同じアプリが見つかるのみであった（「Medieval Handwriting」「Tudor and Stuart Handwriting」のふたつ。ただ、このソフトウェアは翻字作業の答え合わせができて文字の学習・参照機能とうまく組み合わせられればさらに便利となるだろうと思わせられた）。

　このふたつのアプリは、どちらも覚えはじめようとする初学者に一字一字文字のかたちと読み方を覚えてもらおうという方式を採っている。学習法の大きな違いとしては、「変体仮名あぷり」は、早稲田大学図書館の所蔵する古典籍から採字してフラッシュカード方式で一字一字覚えこむのに対して、「KuLA」は、国文学研究資料館の画像データベースなどをもとに、用例付き字書機能をベースに、テストをこなしていくことで覚えるというところがあるようである。このようなこともあって、両者は操作感がかなり異なる。今後の方針としても、「変体仮名あぷり」は続け書きモードや漢字などに発展していくようで、用意された翻刻文と対比しながら読み進めてゆく機能や、古文献の手書き文字の学習コミュニティーなどを支援してゆく「KuLA」とはこの点も異なるようである。画像に関していえば、「変体仮名あぷり」は一字一字抽出しているのに対し、「KuLA」は元画像から切り出したそのままでまわりの文字も入り込んでしまっているため、字の判別のさまたげになっていることがあり、その点「変体仮名あぷり」に分があるように思われる。また、両者とも実際の用例から覚えるということもあって、必ずしも典型的な字体があらわれるわけではなく、筆勢で崩れてしまったようなものも見受けられ、改善の余地があるように感じられた。

　このアプリは当初の目的をよく達成しているものと思うが、「KuLA」の読む機能を試してみると分かるように、単字学習はそれじたいは古

文献に親しむというゴールからすれば、序の口にすぎない。古文献の手書き文字は、多く続け書きがされ、そのためにときとして研究者さえ読み間違えることを考えると、単字学習の段階から実際の文献を読む段階にはまだまだ容易に達しがたい。あるいはこのふたつのアプリに刺激を受けた第三第四のひとびとによって、この隙間を埋めることができるアプリが今後登場すれば、古文献の利活用ということも現実味を帯びてくるのかとも思う。また、そもそも読もうという気持ちにはどうしたらなるのか、悩みは尽きない。

すでに述べたように前近代の手書き文字文化を手軽に学べる手段があまりないのはひとり日本に限ったことではなく、現にエメリック氏の同僚はほかの文字体系への応用に期待を寄せている▶注[2]。「変体仮名あぷり」の開発はよく分からないが、「KuLA」の開発者である橋本雄太氏の関連 tweet を拝見する限り、人文情報学的な手法がかなり取り入れられているようで、そのような後ろ盾のもとに、古書体学が各地で発展する機縁になれば興味深いことだろう。

■「木簡・くずし字解読システム――MOJIZO――」

2016 年 3 月 25 日、奈良文化財研究所と東京大学史料編纂所の共同の開発による画像引きくずし字検索システム「MOJIZO」がベータ版として公開された【図4】。両所でそれぞれ開発している「木簡字典」▶[付記1]や「電子くずし字字典」【図5】を利用して作られたもので、利用者の持っている読めない一字の画像を MOJIZO に送信すると、

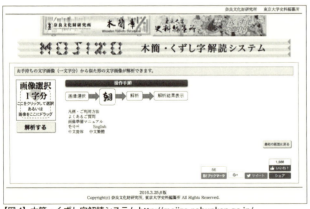

【図4】木簡・くずし字解読システム http://mojizo.nabunken.go.jp/
「木簡・くずし字解読システム―MOJIZO―の公開」http://www.u-tokyo.ac.jp/content/400040782.pdf（2016 年 3 月 26 日）

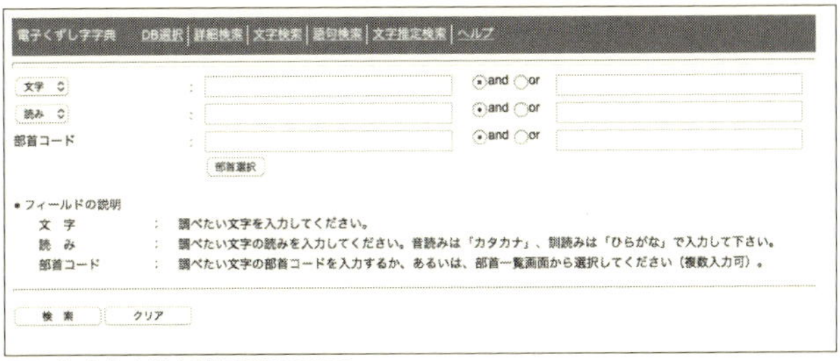

データベースと照合してかたちの近いものを教えてくれるという。これまでにも古文献の文字認識を行うシステムは存在していたが▶注[3]、手元にある画像を判別できるものは管見の限りなく、そこにサービスとしての新規性があるものと思われる。

【図5】東京大学史料編纂所 SHIPS
http://wwwap.hi.u-tokyo.ac.jp/ships/shipscontroller

　MOJIZO には、木簡の文字検索システムでの経験が活かされているという▶注[4]。ここでは、MOJIZO の技術基盤になった「木簡字典」と Mokkanshop にも目を向けつつ、どのようなことができるサービスなのか、あくまで部外者なりに理解の及ぶ限りにおいて紹介してみたい。

　「木簡字典」と Mokkanshop は、木簡の解読支援を行うために奈良文化財研究所が中心となって開発したものである。「木簡字典」は、木簡一点一点の釈読情報を集めたデータベースであり、2003 年度から開発がはじめられ、2005 年に公開されたものである。2016 年 2 月の追加更新の結果、現在、収載する木簡は 14,179 点、文字画像では 89,648 点を数えるとのことである。Mokkanshop は、桜美林大学の耒代誠仁氏や信州大学の白井啓一郎氏らの協力を得て開発された釈読支援ソフトウェアである。木簡の文字は、木の板や木簡という媒体の特性上、白い紙に書かれた文字と同じように文字認識を行うことができない。そもそも木の板に書かれていて文字と素材とを見分けにくいという事情があるうえに、地中にあったことによって木簡そのものが傷んだり、文字がにじむなどの変化を来すなどのことがままある。そこで、画像処理の方法を工夫したり、また文字の大体の範囲を指定することで検索結果の向上を図るなどできるようにしたのが Mokkanshop ということのようである。2004 年ごろに最初期の構想が公表されている▶注[5]。

本サービスでは、Mokkanshop で培われた類似字形検索機能を独立させて「木簡字典」・「電子くずし字字典」のデータと照合できる利用できるようにしたということである。Mokkanshop は 2008 年に一般公開され、現在は公開が終了している。一部分ではあるが、こうして広くサービスされるようになったのは喜ばしいことといえよう。

　もうひとつの「電子くずし字字典」は、東京大学史料編纂所の開発したもので、古文書・古記録・典籍類から字や熟語を選び、データベース化したものである。2001 年度から開発がはじめられ、2006 年に一般公開されたものである▶注 [6]。現在約 6,000 字に対して 22 万余の画像を数えるとのことである。木簡字典が木簡をもっぱらにするのに対して、本データベースは正倉院文書から近世にいたる幅広い紙資料の文字を集めている点で相補う関係にあるといえよう。また、漢字だけでなく、平仮名も扱えるようである。実物にあたると、漢字か平仮名か判然としないものも多く、このようなデータベースを画像で検索できるようになると、前半で紹介した学習アプリの次の段階に移りやすくなるだろう。

　現在のところ、Mokkanshop で利用できた検索結果を改善するために検索画像に施す前処理などは、木簡以外への適用はすぐにとはいかないからか、利用者に任されており、その点に難があるようである。画像準備マニュアルも用意はされているが、それが難しいからMokkanshop の需要があるわけで、技術的な支援が望まれよう▶[付記2]。また、本サービスはどんな資料の文字でも扱えるような触れ込みであるが、典拠となる類似字形検索データベースの得意・不得意は十分に考えられる（相撲文字や浄瑠璃本も読めるのだろうか?）。

　ベータ版とは、広く一般に協力を得て、安定して使えるかどうか試してもらうために公開するものである。利用者からよい提案を得て、正式版の完成度がなお高まることを願う。

▶注
[1] 筆者未見。Aileen Gatten 氏によるレビューなどを参照した。

Aileen Gatten. Mastering *Hentaigana. Monumenta Nipponica.* 54, 1999. 〈doi:10.2307/2668366〉

[2] New App Helps Students Learn to Read Ancient Japanese Writing Form. *UCLA News room.*
http://newsroom.ucla.edu/stories/new-app-helps-students-learn-to-read-ancient-japanese-writing-form

[3] たとえば、寺沢憲吾・川嶋稔夫「文書画像からの全文検索のオンラインサービス」『じんもんこん 2011 論文集』2011〈http://id.nii.ac.jp/1001/00079427/〉など。
寺沢氏の技術は、国文学研究資料館と凸版印刷が共同開発した「古文書 OCR」にも活かされているとのことである。

[4] 耒代誠仁ほか「古文書字形デジタルアーカイブのための検索システムの試作」『じんもんこん 2015 論文集』2015〈http://id.nii.ac.jp/1001/00146516/〉

[5] 耒代誠仁ほか「木簡解読支援システムの基本設計と試作」『じんもんこん 2004 論文集』2004〈http://id.nii.ac.jp/1001/00100470/〉

[6] 井上聡「東京大学史料編纂所「電子くずし字字典データベース」の概要と展望」『情報の科学と技術』65.4、2015

[付記 1] 2018 年 6 月 25 日に閉鎖。後述するように後継サービス「木簡庫」に移行した。

[付記 2] Mokkanshop の代替として iOS 用アプリ「MOJIZOkin」が 2017 年 3 月に公開された。

第12回 …2016.03

そのデータに住所はあるのか
──利用者がどう参照できるかを意識して考える

タグ☞ # リンクト・データ　#URL　# メタ情報　# 電子化

■たとえば URL と図書館の棚

　最近はリンクト・データが注目の的である。リンクト・データは、URI（Uniform Resource Identifier; 統一資源識別子）を用いてデータの関係性を示す枠組みであるが、URI によって他の情報資源を参照することもでき、個々のデータを超えた活用を可能とするものである。リンクト・データの例としては、ウィキペディアの情報ボックスなどをもとにした DBpedia があり、リンクされたほかのリンクト・データの情報なども頼りに、属性に基づいた処理をすることを容易にしている【図1】。たとえば、ある作家について調べるときに、その作家と同時代の作家を探すこともできる。先に触れた URI とは、ごく簡単

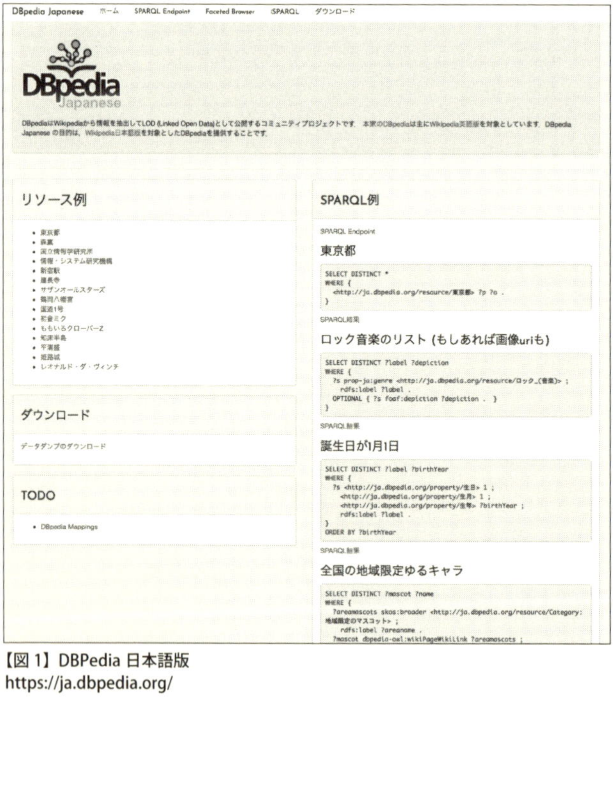

【図1】DBPedia 日本語版
https://ja.dbpedia.org/

には URL（Uniform Resource Locator; 統一資源位置指定子）、いわゆる「ホームページアドレス」のことと考えてもよいが、リンクト・データにおける URI はウェブ・ブラウザーで開ける必要があるわけではなく、その意味において URL でないことも多い▶注 [1]。リンクト・データの利活用を盛んにするために、LOD チャレンジ▶注 [2] などの活用促進策も取られているが、これはそのようなリンクト・データのしくみあってこそのものであろう。

さて、ここで取り上げたいのはこのように抽象的な URI の世界ではなくて、ウェブ・ブラウザーで開けるような URL の世界のことである。先に、リンクト・データにおいてデータの利活用を可能にするのは、URI によってであると述べたが、これはウェブ・ブラウザーでいうところの青く下線の引かれたリンクによってべつのページを開くようなものである。そして、リンクを張るには、情報に URL がなければならない。本月報（注：連載時）の創刊号のアドレスは次のものである。

http://www.dhii.jp/DHM/dhm01

こういうリンクを受け取ったとき、ブラウザーはだいたい次のように理解する。まず、アクセス方法は http という方法で、www.dhii.jp というサーバーにアクセスし、情報の場所はそのなかの DHM というフォルダの dhm01 というファイルにあるということである▶注 [3]。サーバーにアクセスしてあるフォルダのあるファイルを取り出すことは、ある図書館において、ある請求番号の振られた棚に目的の資料を探しにいくことと似ている。アクセス方法とは情報のやりとりに関する取り決めであって、運転免許とパスポートとで窓口も違えば申請書類も違うようなことに似ている。ここでは、図書館の棚の配置は変わることがときにあるが、図書館での棚の探し方、棚のなかでの資料の探し方が変わらないことは、長期的には重要であることを述べておきたい。書籍は日本十進分類法などがあるからよいが、それ以外のものでは統一された仕組みがなく、管理方法が変わると請求番号が変わってしまうことがある。そのため、古典籍を扱った昔の論文にある請求番号を

数十年後に伝えるとそのようなものはいまはないといわれる（変更の記録があればまだ探しようもあるが）。また、そもそも資料番号が振られていない資料は、一般の利用者には利用できないということも重要である。

■「データの住所」それぞれ

さて、データベースを設計するとき、個々のデータの住所、すなわち URI はどのように決定されているだろうか。ひとつには、

（1）個々のデータに直接住所を割り当てるという形式

がある。この例としては、CiNii におけるひとつひとつの論文の書誌データが挙げられる。ある論文について書誌的な詳細を知りたければ、この住所にいけばいつでも引き出すことができる。たとえば、

https://ci.nii.ac.jp/naid/40020736408

である（余談であるが、これは、CiNii で「LOD」と検索して最初に見つかる論文である。〈2016 年 3 月 17 日現在〉）。

次に、

（2）窓口に取得したいデータを問い合わせる形式

がある。この例には、同じく CiNii の検索画面が挙げられる▶注[4]。（2）には、

（2-1）URI に問い合わせるデータを明記する形式

（2-2）URI に問い合わせるデータを明記しない形式

とがあり、前者であれば直接リンクができて情報が引き出せるが、後者ではそのシステムの専用の入り口を通らなければ情報を入手できない。

リンクト・データにおける個々のデータは URI によって参照可能になることは冒頭に述べたが、それは URI がウェブにおける参照の仕組みであるということと無縁ではない。

■情報を隠しているも同然なデータベースのありかた

（2-2）の形式は、利用規約に利用の都度同意させる必要があるばあ

いなど、直接参照させることが難しい例では不可避である（それでもまだやりようがないわけではない）。しかしながら、そのような壁を意図していないのであれば、たとえば、提供者が自らのデータをリンクト・データにすることもやぶさかではないと考えているのならば、それは再考すべきであろう。(2-2) の形式は、資料番号を隠していることと同じであり、利用者・提供者の両方の手を煩わせるものである。いざリンクト・データにしようとしたとき、初めて自分たちの公開していたものが住所不定であったことに気付くのではなく、データベースを作る段階で利用者がどう参照できるか意識して作ってゆくことは、デジタル日本学の今後とも無縁ではないものと思う。

▶注

[1] リンクト・データの解説も含め、武田英明「動向レビュー：Linked Data の動向」（『カレントアウェアネス』308、2011〈http://current.ndl.go.jp/ca1746〉）なども参照。現在は、正式には、文字領域を Unicode に拡張した IRI（Internationalized resource identifier; 国際化資源識別子）を用いる。

[2] 「Linked Open Data チャレンジ Japan2015　受賞作品発表」
http://lodc.jp/2015/concrete5/blog/2016-02-19
リンクト・データのうち、オープン・データであるものを特にリンクト・オープン・データ（Linked Open Data：LOD）という。

[3] たとえばなしなので、正確な仕組みを知りたければ専門書にあたっていただきたい。筆者に見ることはできないので分からないが、おそらく、www.dhii.jp という名前のサーバーの DHM というフォルダに dhm01 というファイルが実際にあるというわけではなかろう。ただ、そこにそういうファイルがあろうがなかろうがかまわないのではなく、そこにそれがあるかのようにアクセスできるようになっているということはいってよい。

[4] 〈https://ci.nii.ac.jp/search?q=LOD&range=0&count=20&sortorder=1&type=0 search〉というファイルに？以下の情報を問い合わせるという形式である。動的な情報はこの形式になることが多い。なお（1）と（2）の中間の例として国会図書館の OPAC があった〈https://id.ndl.go.jp/bib/027143359〉。この URI はリニューアル前は、〈https://ndlopac.ndl.go.jp/F/?func=find-c&amp=&amp=&amp=&amp=&amp=&ccl_term=001%20%3D%20027143359&adjacent=N&x=0&y=0&con_lng=jpn&pds_handle=&pds_handle=〉へと転送されていた（2016 年 3 月 17 日現在）。

第13回 …2016.04

データの公開は他者との交流の手はじめ
──リンクト・データをどう活用していくか

タグ☞ #リンクト・データ　#デジタル人文学　#データセット　#メタ情報　#DBPedia

#Dublin Core　#統制語彙　#ビジュアライゼーション

■パナマ文書はどう図式化されたか

　2015年夏にパナマのある法律事務所から流出した膨大な機密文書が、そういうもののつねとして、世界各国をにぎわしているが、そこで興味深いのが、機密が漏洩せぬよう工夫を凝らして作成された文書から、どのように記者たちが情報を抽出していったかである。国際調査報道ジャーナリスト連合の分析に協力している企業の解説するところによれば▶注 [1]、文書から抜き出した情報をグラフ化し、つなぎ合わせて図式化することで、その背後に隠れたものを暴くことができたという。ここでいうグラフとは、統計グラフではなく、情報のネットワークのことをいう▶注 [2]。たとえば、ある登記文書に「社名：A、社長：X」とあったときに、A社とXは社長という関係にあるといえるが、膨大なパナマ文書を同様に関係化していったときに、このXが実はB社の社長でもあり、かつ名前と住所からI国の首相Yの家族だと分かったとしたら、また、A社が資産を大量に抱え込んでいたとしたら、どういうことが分かるだろうか。このような関係の整理はひとびとが日ごろ行っていることであり、ひとにぎりのものであれば人間の手でも同様の作業はできようが、膨大な資料のなかから短期間で情報を整理するには、コンピューターにグラフから図式化させるのがよいというわけである▶注 [3]。

■外のデータとつながることで最大の強みを発揮するリンクト・データ

　ここで用いられたグラフは、基本的には、いままでも何回か触れているリンクト・(オープン・)データと同じものである。リンクト・データのばあいは、複数のひとや組織が作った、複数の形式のデータを相互につなぎ合わせるというところに違いがある。パナマ文書のようにそれじたい膨大なものと違って、日本学でよくある個人や小規模グループでの研究用のデータであれば、

【図1】The Linking Open Data cloud diagram
http://lod-cloud.net/

それ単体での活用にすぎないのならば、検索をするにしても専用にあつらえたシステムでも作ったほうがよいケースも多いものと思う。つまり、外のデータとつながること、あるいは将来的につながってゆくことによって、リンクト・データは最大の強みを発揮してゆくのである。【図1】では、2014年現在のリンクト・データの広がりを図式化したものを見ることができるが、これらはすべて一方的あるいは相互にリンクしあったリンクト・データである(ちなみに、【図1】じたいがグラフの図式化の例である)。

■ DBPedia 及び GeoNames という連携を促進するためのデータ

　このなかで最もつながりがあるのが、DBPedia 及び GeoNames であるのは不思議ではなかろう。なぜなら、これらのデータはデータ間の連携を促進するためのデータとして機能するからである。DBPedia は、ウィキペディアから抽出した情報を機械で扱いやすいようにデータベース化したもので、構築したデータにおける固有名詞がなんであるのか説明するのに便利である(第12回参照)。また、GeoNames も、地理

【図 2】GeoNames.jp
http://geonames.jp/

情報を集成したものであり、同様に利用価値が高い【図2】。これらのデータを使用すれば、たとえば、「東京外国語大学アジア・アフリカ言語文化研究所（情報1）の所在（関係）は、東京都府中市朝日町一丁目（情報2）」であるというように記述できる【図3】【図4】。現今のコンピューターは、人間のことばによって意味を扱えるようにはできていない。また、意味をコンピューター上で扱えるように加工することは単純な作業ではない▶注 [4]。そこで、既存の複数のデータを利用する価値があり、それによって、情報量を豊かにすることができるのである。

■データの公開は他者との交流の手はじめである

　現在のデジタル日本学では、まだリンクト・データを活用する動きは活発ではない。データベース化そのものは日本学でも行われているが、それを連携してゆくことに関しては模索状況にあるようである。もし作られたとしても、孤児データセットが多くできてしまうのが現状のようである▶注 [5]。データを相互リンクすることは、データ構造の設計や、関係をあらわすための語彙の選択など、一筋縄ではゆかないので、それじたい一様に非難すべきことではないが、つながってゆく・あるいはつながれるようにすることが不可欠であろう。そのためには、単に欧米の後追いをするということではなく、すでにそこで分かっている課題について着実に踏まえてゆくべきであろう。つながるためには、もし DBPedia や GeoNames で不備があるならば根幹となる

参照データセットを、Dublin Core で不満ならば語彙を構築するというそれじたい難しい課題がある。その参照地点がすでに世界にあるデータセットや語彙と無縁であるべきではなく、世界とどうつながってゆくか、「日本学統合データセット」あるいは「日本学統合語彙」は問われるものと思う。また、それと同時にデータが散逸しないよう公開を維持することも大切である。ひとり日本学だけの課題ではないが、データは容易に失われるものであるし、維持が止まると一気に解読が困難になるものである。しかし、孤児リンクト・データよりは、外部データや外部語彙を適切に使ったリンクト・データのほうが、解読は容易であろう。

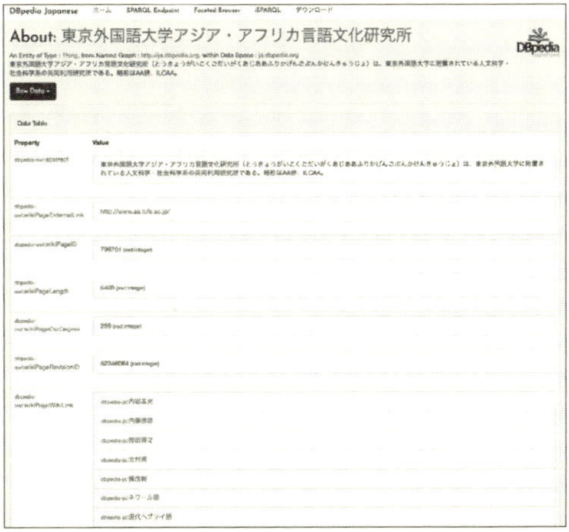

野本氏が報告するように、リンクト・データ以前に、そもそもデータ公開形式について日本の現状には課題が多いように思われるが▶注[6]、データの公開は他者との交流の手はじめであり、その意味で、デジタル日本学におけるリンクト・データ（あるいはそれに類する未来の技術）とのかかわりは、デジタル日本学がどこにつながってゆくのかを如実に示すものとなるだろう。

【図3】DBPedia で「東京外国語大学アジア・アフリカ言語文化研究所」を記述するとこのようになる。

【図4】GeoNames で「東京外国語大学アジア・アフリカ言語文化研究所」を記述するとこのようになる。

▶注

[1] Keiichiro Ono「「パナマ文書」解析の技術的側面」『Medium』
  https://medium.com/@c_z/%E3%83%91%E3%83%8A%E3%83%9E%E6%96%87%87

E6%9B%B8-%E8%A7%A3%E6%9E%90%E3%81%AE%E6%8A%80%E8%A1%93
%E7%9A%84%E5%81%B4%E9%9D%A2-d10201bbe195

[2] 正確には、より抽象的に、「ノード（節点・頂点）の集合とエッジ（枝・辺）の
集合で構成される」ものをいう。グラフは抽象的なものであって、それを絵に描
く方法はいろいろとある。

「グラフ理論」『Wikipedia』

https://ja.wikipedia.org/w/index.php?title=%E3%82%B0%E3%83%A9%E3%83%
95%E7%90%86%E8%AB%96&oldid=59230092

[3] なお、パナマ文書のデータセットは、下記サイトにてアゼルバイジャン首相に
関するデータが部分的に公開されており、今後さらに公開が進むとのことであ
る。

The PanamaPapers: Example Dataset President of Azerbaijan. *Neo4j GraphGists.*
http://neo4j.com/graphgist/b0502991-9a6e-4404-896a-a80a14098e98#listing_
category=investigative-journalism

[4] たとえば、このスライドでは、既存のデータをどのようにリンクト・データに
するか説明がある。

「LODI/Linked Open Data 連続講義 第 1 回 「オープンデータから Linked Open
Data へ」」『SlideShare』

http://www.slideshare.net/takeda/lodilinked-open-data-1linked-open-data

[5] たとえば、日本学関係というわけではないが、リンクト・データのリポジトリ
のひとつである LinkData のデータクラウドを参照。

「データセット一覧 - LinkData」

http://linkdata.org/work

[6] 野本昌子「Linked Data と国内のデータ共有の動向」第 38 回セマンティックウ
ェブとオントロジー研究会、2016〈http://id.nii.ac.jp/1004/00000799/〉

[付記] 内閣の知的財産戦略本部を中心に 2018 年に試行開始したジャパンサーチ
は、日本のさまざまな機関のコンテンツのメタデータを集めて統一的に検索でき
るようにしている。そこでは、実現の困難性と検索の利便性の観点から、メタデ
ータの詳細には立ち入っていない。その是非は今後検討されるものかと思うが、
統合語彙を目指す動きとして、EU の推進する Europeana があることを挙げて
おく。福山樹里「Europeana のメタデータ：デジタルアーカイブの連携の基盤」
（『情報の科学と技術』67、2017）も参照。

第 14 回 …2016.05

文字データベースの現在
—— 「『和翰名苑』仮名字体データベース」公開から考える

タグ☞　#文字情報　#研究資源　#デジタル人文学　#CHISE　#HNG

■字書という文字についての最も古いデータベース

　文字は、言語の伝達を素直にしてくれないものほどややこしく、私たちを「情報」から遠ざける働きをするものである。そのために、漢字文化圏においては、文字を読み解く手段として字書というものをふるくから編んで、効率よく情報に近づこうとしてきた。字書は、文字に関する最も古いデータベースの形態であり、現代日本では、さまざまな紙の字書が充実している。それによってかよらずか、文字に関するコンピューター・データベースは字書をデジタル化したものが多かったように思うが、それ以外のデータベースもある。今回は、そのなかでも、筆

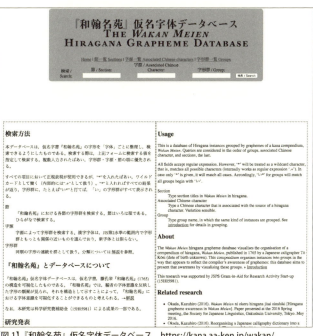

【図1】『和翰名苑』仮名字体データベース　https://kana.aa-ken.jp/wakan/
データベースに関連する研究発表等もここで公開してゆく予定である。

者の公開したデータベースを中心に、文献の文字に特化したオンライン・データベースについて見てゆきたい。

■その字のありうる「姿」を調べる「『和翰名苑(わかんめいえん)』仮名字体データベース」

　筆者は 2016 年 5 月 9 日に「『和翰名苑』仮名字体データベース」【図1】というものを公開した。これは、江戸時代に刊行された仮名字書『和翰名苑』をデータベース化したものである。仮名字書とは、書道字書や書法字書といわれるもののひとつで、書を書く際にお手本とするために編まれるものである。書道字書は、漢字字書などのような、読みや意味などの、その字に「ついて」調べる字書とは異なり、その字のありうる「姿」を調べる字書である。漢字字書でも、もちろん異体字などの情報は掲載されるが、明朝体なり楷書体なりのある種の理想化された実現形によって提示されるのであって、現実に書かれたときにどのようなかたちをしていたのか、そこからは直接には分からないものである。それに対して、書道字書は、そのような音に関する情報は漢字字書に任せてあって、とある字がどのように書かれてきたのかを調べ、かつ提示することに主眼を置く。だから、読めない字を書道字書を引くとき、偏旁(へんぼう)からあたりを付けてページを繰(く)るわけだが、目的の字があったとして、その字に「ついて」分かるのは、せいぜい読みくらいで、意味などはまったく触れられていないのがふつうである。

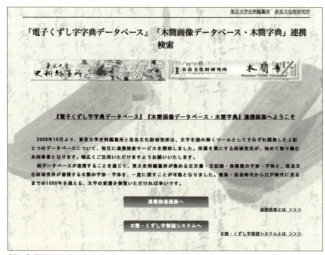

【図2】『電子くずし字字典データベース』『木簡画像データベース・木簡字典』連携検索
http://clioz39.hi.u-tokyo.ac.jp/ships/ZClient/W34/

このような書道字書的な実例を提示する文字オンライン・データベースというのは、中国のものについてはある程度あるようであるが、仮名のものはほぼなかったといってよい▶注 [1]。例外としては、東京大学史料編纂所の「電子くずし字字典データベース」【図2】くらいで、これは「くずし字」の用例を精力的に集めたデータベースであるので、仮名の実例についてもいろいろなものが集まっている。ただ、文書や消息が中心で、典籍はあまりなく、いわゆる「書道字書」が対象とする書として尊ばれるような品々から用例を採取した字書というものは手薄な分野であったといえるだろう。「木簡字典」(現在は「木簡庫」)【図2】は、漢字のものであるが、すべてが木簡から採字されている点において、典籍の分野とは違うところに焦点があったといえる。もちろん、『和翰名苑』は江戸時代にできた本であるので、いまのような正確な複写は望めず、当時利用できた書から取り出した模倣にすぎないという点で、書道字書として最良のものであるとはとてもいえないが、まったくないところを補うくらいのことはできよう。こういうものは、実際の文献にあたっていくうえでは不可欠で、今後とも拡充が望まれるものであるが、おしなべて実物というものは権利の関係が複雑で、実現しても有料会員に限定されたりしてしまうということも多く、その点に『和翰名苑』のような、自由な資料に基づくデータベースの価値があるのであろう。

■その字が仮名としてどういう属性を持つのかがわかる

さて、書道字書的なデータベースであるという点において「電子くずし字字典データベース」や「木簡字典」(以下、両データベース)と、「『和翰名苑』仮名字体データベース」は共通するが、「『和翰名苑』仮名字体データベース」は「ついて」の面も工夫を加えてある。形音義の備わる漢字とは異なり、仮名に義はないが、明治時代以前にはいまでいう変体仮名というものも多数併用され、それが整理されて現今の一字一音の平仮名となったものである（過去にこれは変体仮名・これはふつ

【図 3】学術情報交換用変体仮名 http://kana.ninjal.ac.jp/ 前にも触れた、変体仮名の Unicode 化の過程でまとめられたデータベースである。

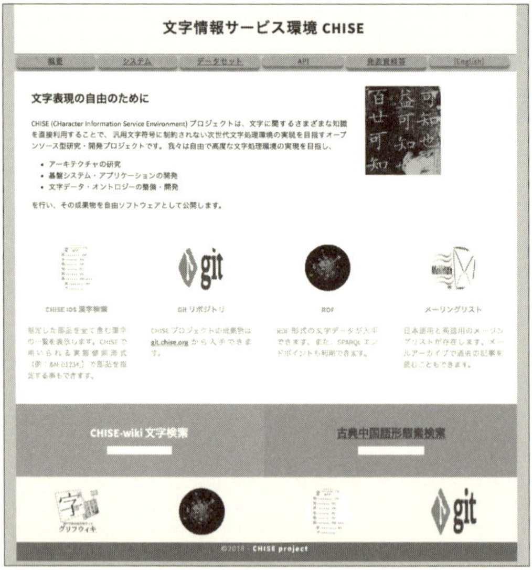

【図 4】CHaracter Information Service Environment
http://www.chise.org/index.html.ja

うの仮名といっていたわけではない)。くわしくはデータベースに説明してあるところを参照されたいが、このデータベースは仮名字体に「ついて」のデータベースでもある。すなわち、漢字などでいえば、異体字などの情報を積極的に取り扱おうという態度のものである。一般に、書道字書では検索の便もあり、異体字の区別はなるべくしないようにするし、判読支援のために作られた両データベースもまた同様である。両データベースも、一般の書道字書よりも個々の字についてくわしい情報を知ることができ、検索された文字がどの資料にあらわれたかなどについてはくわしく分かるが、異体字などのくわしいことについては触れていない。それに対して、「『和翰名苑』仮名字体データベース」は、国立国語研究所の「学術情報交換用変体仮名データベース」【図 3】のように、その字が仮名としてどういう属性を持つのかに関するデータも持ち合わせている。この差は、みっつのデータベースが紙からどのように拡張しているかを示すものであろう。

■総合的な文字知識データベースに向けて

「姿」と、「ついて」の統合という点でいえば、守岡知彦氏らのCHISEと比較可能な部分もあるのだろうと考えている【図4】。CHISEはもともと字書的な

【図5】拓本文字データベース
http://coe21.zinbun.kyoto-u.ac.jp/djvuchar

性格を持つデータベースであるが、字形に関する記述などにも拡張可能な、総合的な漢字データベースであって、拓本文字データベース【図5】などへのリンクを通じて書道字書的な性格をも持つようになっていた。最近は、そこにさらにHNGという文献における漢字字体に特化したデータベースが一部組み込まれるにいたり▶注[2]（第41回も参照）、なおそのような性格は強まっているといえよう。前回触れたリンクト・データの世界などでは、CHISEのような総合的な文字知識データベースは、文献を電子的に安定して扱う参照点として（あまり目に見えないかもしれないが）重要度が低くなることはあるまい▶注[3]。そして、そこに文字の実際の姿が伴うならばなお心強いのであり、そういう意味でいえば、国文研古典籍オープンデータセットなどのような自由なデータの恩恵を最も被るのは、このような基礎的なデータベースなのだろうと考える。

▶注

[1]「和漢籍研究ツール・DB検索」『やたがらすナビ』
　　http://yatanavi.org/toolserch/index.php/search/tag/%E6%9B%B8%E4%BD%93
　　による。

[2] 守岡知彦「長安宮廷写経の漢字字体と包摂基準：HNGとCHISEの統合を通じて」『東洋学へのコンピューター利用第27回研究セミナー』2016

[3] 安岡孝一「古典中国語（漢文）の形態素解析」（『東洋学へのコンピューター利用第27回研究セミナー』2016）なども参照。

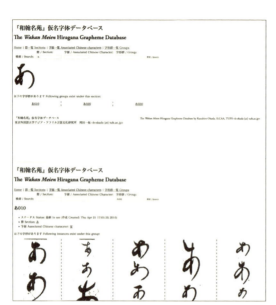

←「『和翰名苑』仮名字体データベース」より「あ」。用例が字体別にまとめられており、もとになった漢字などの情報が閲覧できる。

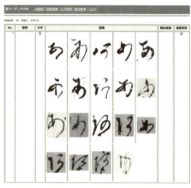

「電子くずし字字典データベース」より「あ」。字体に関係なく用例が列挙されている。画像をクリックすると、所在の詳細が示される。

第 15 回 …2016.06

書誌書影・全文影像データベース
―― 宮内庁書陵部収蔵漢籍集覧

タグ☞ ＃古典学　＃文化資源　＃電子化　＃宮内庁書陵部　＃慶應義塾大学附属斯道文庫

■宮内庁書陵部図書寮文庫蔵の漢籍のデジタル・アーカイブ

　2016年6月3日に慶應義塾大学附属斯道文庫から「宮内庁書陵部漢籍集覧」(以下、漢籍集覧)が公開された【図1】。これは、宮内庁書陵部図書寮文庫蔵の漢籍のデジタル・アーカイブを作成するためのプロジェクトの成果のひとつであり▶注[1]、2015年度当初より限られた機関で試験公開されていたものである▶注[2]。漢籍集覧の公開に伴い、シンポジウムが開催されている▶注[3]。筆者はこのシンポジウムに参加することができなかったので、あまり十分な紹介はできないが、以下、簡単な紹介を試みたい。

　図書寮文庫は、律令制下の朝廷の機関に淵源(えんげん)し、直接には、近代になって宮内省に再度文庫として設置された機関に由来し、戦後諸陵寮と統合して書陵部となった。律令制下及び近

【図1】宮内庁書陵部収蔵漢籍集覧―書誌書影・全文影像データベース―
http://db.sido.keio.ac.jp/kanseki/T_bib_search.php
公開日は次を参照した http://current.ndl.go.jp/node/31763

代のものは「ずしょりょう」と呼ぶのが一般的かとは思うが、現代の文庫は「としょりょう」と呼ぶらしい。さて、図書寮文庫ではすでに所蔵資料のデジタル化に取り組んでいて、目録が公開されているほか▶注 [4]、国文学関係の和書に関しては国文学研究資料館のシステムを利用して一部公開されている。その現状は書陵部の杉本氏の紹介がある▶注 [5]。図書寮の所蔵品については、すでに各種の紹介があるが▶注[6]、禁裏・親王家伝来本や旧幕府からの移管本、大小の公家や大名、学者からの献納本などから成り立つものである。これらには貴重なものも少なくなく、書陵部蔵本を影印ないし翻刻出版するものは数知れない。杉本氏は「日本古典籍総合目録データベース」において相当数の資料が書陵部のみの蔵書であることを触れるが、デジタル化は必ずしも進んでいるとはいいがたかった。しかしながら、それらにも少なからぬ貴重書が含まれる。特に宋版という、漢籍のなかでも指折りの評価を受ける品々を数多く持つことは有名であろう▶注 [7]。

■ Flash player への依存の問題点

漢籍集覧は、現在のところ、日本の南北朝以前の漢籍を対象として、書誌解題データベースと、全文影像データベースを提供している。書誌解題の全文検索が可能なほか、個別に、題目、著者、刊写、工名、伝来、印文、函架番号から検索できるようになっている。書誌解題はどれも精密である。漢籍集覧の開発途上の報告が住吉氏と高橋氏からあり▶注 [8]、それによれば若手研究者に素案を書かせ、プロジェクト全体で詳細に検討したものだそうで、納得のものである。適宜本文画像へのリンクが張られており、書誌をすみやかに原本で確認できるのが、ことに便利である。全文影像データベースは、それと比べればあまり注力されていないように映る。プロジェクトの期間の長さを思えば多少のシステムの古さは否めないが、画像の表示に Flash を採用しているため、セキュリティ上などの問題から Flash player を入れていないばあいなど、そもそも表示できない。大学によっては、学内ネット

▶Flash player
Adobe 社の提供していたインタラクティブ環境を実現するブラウザプラグイン。高度な機能が容易に実現できることから、広く用いられたが、セキュリティ問題が続発し、2020 年年末にサポートが終了する予定と、2017 年夏に発表された。

トワークで Flash player を利用することを禁止しているところもあるらしく、なにかべつの表示手段が望まれる。Flash player が入っていないはずの iOS で閲覧できたことを見るに、そういうものじたいは現在も存在しているようである。Flash は Adobe 社という私企業の製品に依存する点で問題が多く、利用に制限を付すにしても、国際的な規格に則ったものが望ましい。また、拡大縮小が自在にできないのは歯がゆい。紙までよく見たいということもあるのではなかろうか。その一方で、デジタル・アーカイブには珍しいスライドショー機能などはあり、均衡が取れていないように思われる。

■伝統的な書誌解題とデータベース／すかしの入れ方

　杉本氏によれば、図書寮文庫では、他機関との連携によって画像公開を進めてゆくことを目指すとのことで、現在国文学系の和書に関しては「資料目録・画像公開システム」から国文研へのリンクが張ってあるように、いずれ漢籍集覧へのリンクが張られるようになるのであろう▶[付記]。そうなると、図書寮文庫のシステムとしては、画像公開先へのハブとしての機能が求められてゆくこととなるように思われ、単にべつべつのデータベースとして存在させるのではなく、もう少し深いところまでリンクできるようになってくれれば便利さも増すのではなかろうか。その点でいうと、書誌解題データベースは、伝統的な書誌解題の枠組みとしては相当の出来栄えだが、コンピューターが扱うデータベースという観点では、見えていないだけかもしれないが、発展の余地があるように思われる。

　国文研のデータベースで図書寮文庫の画像が公開されたとき、すかしの入れ方が話題になった。今回のものでも比較的大きいものが入っている。先の杉本氏の紹介においてもどのようにあるべきか触れられていたが、コピーもできず（凡例の書きぶりから見ると、このアーカイブは眺めることしか許されていないかのようである）、拡大もほとんどできないほどの利用者側への制限に追加して付けるべきほどのものか、プロジェ

クトにかかわった諸氏と異なり、このデジタル・アーカイブによって、一般の利用者は親しく資料に接する機会を減らしたのに、ということを考えた。著作権もないのだからと、利用にいかなる制約も付すべきではないという主義までは取らないが、所蔵者と利用者のトレードオフはどこにあるべきなのだろうか。

▶注

[1] 「宮内庁書陵部収蔵漢籍の伝来に関する再検討：デジタルアーカイブの構築を目指して」『KAKEN』
https://kaken.nii.ac.jp/grant/KAKENHI-PROJECT-24242009/
「日本所在漢籍に見える東アジア典籍流伝の歴史的研究：宮内庁書陵部蔵漢籍の伝来調査を中心として」『東洋学研究情報センター』
http://ricas.ioc.u-tokyo.ac.jp/joint/study_results.h26-2.html

[2] 「「宮内庁書陵部収蔵漢籍集覧」のご案内」
https://www.nijl.ac.jp/pages/library/images/syoryobukanseki.pdf

[3] 「国際研究集会「日本における漢籍の伝流」を開催します」『東洋学研究情報センター』
http://ricas.ioc.u-tokyo.ac.jp/news/news.php?id=WedJun11042362016

[4] 「書陵部所蔵資料目録・画像公開システム」『図書寮文庫』
https://toshoryo.kunaicho.go.jp/Kotenseki

[5] 杉本まゆ子「宮内庁書陵部における古典籍資料：保存と公開」『情報の科学と技術』65.4、2015

[6] ここでは櫛笥節男『宮内庁書陵部書庫渉獵：書写と装訂』（おうふう、2006）を挙げておきたい。

[7] たとえば、上海古籍出版社では、『日本宮内廳書陵部蔵宋元版漢籍選刊』と称して善本を170冊にもわたって影印刊行している。

[8] 住吉朋彦「蔵書研究としてのデータベース構築：デジタルアーカイブ「宮内庁書陵部収蔵漢籍集覧」の射程」『明日の人文学』32、2014
高橋智「日本所在漢籍に見える東アジア典籍流伝の歴史的研究：宮内庁書陵部蔵漢籍の伝来調査を中心として」『明日の人文学』34、2015
両号ともに〈https://ricas.ioc.u-tokyo.ac.jp/pub/newsletter.html〉でPDFが閲覧可能である。

[付記] 本書刊行の時点で「資料目録・画像公開システム」からリンクがされるようになっていた。

第16回 …2016.07

オープン・サイエンスという流れを前にして
――日本学におけるデータ共有を考える

タグ☞ #オープン・データ #デジタル人文学 #データセット #データ共有

#シュプリンガー＝ネイチャー

■**世界的な動向に対応した出版社の研究データ共有方針**

　2016年7月5日、シュプリンガー＝ネイチャーは、自社出版にかかわる研究データ共有方針を公開した▶注 [1] [2]。シュプリンガー＝ネイチャーは、イギリスの代表的な科学雑誌ネイチャーを刊行するネイチャー・パブリッシング・グループや、ドイツの学術出版社であるシュプリンガーなどによって構成される世界的にも巨大な学術出版グループである。この方針では、コンピューター上のデータの共有のありかたに関して、データを公開し、さらに論文でそれを引用するという形態を期待している。データ管理のありかたについては、データ処理に関する（内容ではなく）審査を要するかいなかなどの細部について4類型が用意されている。この方針は、同グループの刊行する全雑誌において採用することが期待されている。

　この研究データの共有は、あたり前ながら一出版社だけの動向ではなく、シュプリンガー＝ネイチャーの方針も、世界的な動向に対応したものである。研究データ共有に関する世界的組織である研究データ同盟（Research Data Alliance: RDA）という国際団体も組織され▶注 [3]、2015年のRDAの年次総会は日本で行われた▶注 [4]。これは、研究のオープン化（オープン・サイエンス）という公共資金提供機関の意向もかかわってくる話であって、自然科学が先陣を切るが、かといって人文学が無

関係なわけではない。人文学におけるデータ共有は全世界的に進んでいないといえ、大規模なデータに基づく研究が増えていることもあり、検証のために研究者が自らのデータを提供することは避けられなくなっている▶注 [5]。ただ、人文学におけるデータといっても、その様態はまったく同一ではないから、ここでは文献学的な日本学に限定して対応策の一端を考えたい。

■国学者の時代から脈々と行われてきたデータ共有と本という形態

日本学におけるデータとはなんだろうか。日本学においてデータとは第一に文献であり、具体的には、伝承されてきた書物に記された本文であろう。本文には、底本があり、また異本の校異がある。第二に、その本文に対して付される注釈がある。このように考えると、模刻本（影印）や校訂本文、注釈を公刊することはそれこそ国学者の時代から脈々と行われてきており、データ共有についてはすでに慣習ができあがっており、オープン化はすでにされているように見える。

残念ながら、確かに、それらは公刊はされているのだろうが、内容やデータを自由に活用できるわけでもなければ、本という形態に強く制約されてもおり、オープンとはいえない。また、特定の研究者はデータを持っていても、影印が公開されていなかったり、本文が公開されていないというものも数多く存在する。また、最近は、論文ではないからと評価が下がる傾向にあるとも聞く。無料公開にしたところでなおのことだろう。

■いままでの日本学が配慮に欠けていたところはなにか

現在、諸機関の努力の甲斐あって、数多くの資料の画像が見られるようになっていることは、本連載でも紹介してきたところである。これは、だれでも見られるという点において、「オープン」化が進んできているといえよう。しかしながら、本文や注釈に関しては、紀要論文等で公開されているばあいや、本連載第1回で紹介したような例外を

除いて、あまり進んでいるとはいいがたい。この点、出版物をおいそれと無料公開できない、所蔵者の理解が得られないなどの利害関係もあろうが、オープン・サイエンスの重要な一側面である、データ公開の評価形態の構築という方向性に日本学が逆行する方向にあることも無縁ではあるまい。

　このように書いてくると、筆者に文献学に触れさせてくださった先生方の声が脳裏に響きもする。索引は本文を読むための道具にして読まずして済ませるためにはできていない、実物に触れて実感を得ないとできない研究の深みがある……などなど。実に至言である。文献学に近づく道は、これからも易しくはならないだろう。

　しかしながら、文献学への道が険しいことと、データ共有が不要であることとはべつの話ではないか。確かに、前後もわきまえぬころには触らぬが吉となるものもなかにはあろう。論文を読んでいて、妙な結論が出ていることだと思ってよくよく確かめてみれば、調べ方がはなから間違っていたということは、現にあることである。ただ、それがデータを自分の手元で管理する理由となるかといわれれば、論理の飛躍であるように思われる。

　各人には、各人の置かれた状況がある。それが著しい機会の不平等をもたらすこともあるだろう。経済的・地理的・家庭的など、資料へのアクセスの不平等さの原因にはいろいろあろうが、日本学においては、資料の持ち手の問題も挙げられる。そのことの是非はおき、寺社の秘庫にある貴重で重要な資料にじかに接し得るのは選ばれたひとに限られることは疑いようがない。しかも、それがその後焼けたり行方が知れなくなったりなどすれば、その限られたひとびとから学界に情報が提供されなければいかんともしがたい。そんなとき、オープン・サイエンスはそれを緩和するものとして働くのだろうし▶注 [6]、それじたいはいままでの日本学が配慮に欠けていたところではあったように思う。

　そもそも、自分のデータを大事にしておいた結果として、それより

も粗悪なデータがまかり通るのが世の習いであり、今後それはさらに拡大する一方だろう。データを世に問うことの再評価を通じて、学問の健全性を確保することも今後必要になってくるだろうし、その意味で、オープン・サイエンス化の流れに自律的に対応することは、幸か不幸か日本学にも無関係ではなかろうと思うのである。

▶注

[1] Promoting Research Data Sharing at Springer Nature. *Of Schemes and Memes Blog.*

　http://blogs.biomedcentral.com/bmcblog/2016/07/05/promoting-research-data-sharing-springer-nature/

[2]「Springer Nature 社、研究データポリシー基準を公開」『カレントアウェアネス』

　http://current.ndl.go.jp/node/32019

[3] https://rd-alliance.org/

[4] RDA Seventh Plenary Meeting, Tokyo, Japan *RDA*

　https://rd-alliance.org/plenaries/rda-seventh-plenary-meeting-tokyo-japan

[5] 池内有為「研究データ共有の現在　異分野データの統合とデータ引用、日本のプレゼンス」『情報管理』58.9、2015〈doi:10.1241/johokanri.58.673〉

[6] Data Sharing Principles. *World Data System: Trusted Data Services for Global Science*

　https://www.icsu-wds.org/services/data-sharing-principles

第17回 …2016.08

デジタルで「古典日本文化」をどう学ぶか
―― 慶應義塾大学 × FutureLearn「古典籍を通じて見る日本文化」

タグ☞ #日本文学　#書誌学　#学習支援　#慶應義塾大学　#FutureLearn

■「古典籍を通じて見る日本文化」というオンライン講義

　2016年7月18日から3週間にわたって、イギリスのオンライン学習プラットフォーム（MOOC）FutureLearnにおいて、慶應義塾大学斯道文庫の佐々木孝浩氏・一戸渉氏らによる、「古典籍を通じて見る日本文化」というオンライン講義が英語話者の視聴者を対象に行われた【図1】。日本の大学がMOOCに参画したという点から見ると、edXというアメリカの同様のプラットフォームでは、すでに京都大学や東京大学をはじめとして数校が現代日本に関する授業を提供しているが▶注 [1]、日本の古典を対象とするものとしては、世界でも初めての試みのようである▶注 [2]。慶應大学は、FutureLearnと提携している現時点で唯一の日本の大学であり、これは、その最初の講義となるが▶注 [3]、自身の大学の強みを生かした、ユニークな取り組みを行っているものといえよう。

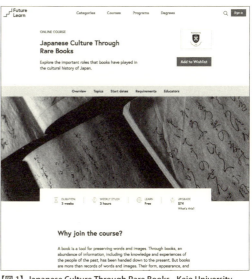

【図1】Japanese Culture Through Rare Books - Keio University
https://www.futurelearn.com/courses/japanese-rare-books-culture/

■ FutureLearn の特徴

FutureLearn は、2012 年からイギリスのオープン・ユニバーシティ が運営しているものであり、全世界の大学や教育機関と協力して講義 の提供を行っている（講義の制作は FutureLearn の協力のもと各大学で行う） ▶注 [4]。講義の期間は講義内容によって異なり、受講証（希望者のみ有 償にて発行）もいくつかの種類があって、ものによっては試験への合格 を要するものもあるようである。この合格証は、日本における放送大 学の講義のように、成績として数えられる。教材は、映像や文章など を組み合わせる。FutureLearn では——ひとつひとつが MOOC として の際立った特徴だというわけではないが——、受講者が講義に能動的 に参加することを重視しており、内容理解確認のクイズがあるのはも ちろん、ほとんどすべてのページで Facebook におけるコメントのよ うなかたちで議論が可能になっているため、自己紹介をして受講動機 や意気込みなどをクラスで共有したり、疑問点の確認をしたり、議論 の指示があるところでは講師陣を交えて議論を交わしたりすることが 可能になっている。なお、多くの MOOC では、講義期間が終了したあ とも題材じたいはオンラインで公開されており、コメント等も可能で ある。ただし慶應大学のものは無料開講期間は数週間のみで、次の開 講期間までは有料での利用となる。

FutureLearn じたいは、英語を前提としたものではあるが、今回の 講義は日本語で行われており、文章と字幕を英語で提供している。実 際の講義では難しいこのようなことが可能になるのは、MOOC の利点 といえようか。文章と字幕は日本語でも提供されており、日本語学習 者が教材として重宝しているとのコメントが散見される。これらに加 えて、教材はダウンロードができるので、自身のペースに合わせた学 習が可能になっている。本講義では、7 割の題材を受講すれば参加証 が発行できるということで、テストはない。もし専門科目として試験 を課すことになれば、どのような講義になるのだろう。

■講義はどうだったか

　講義は基本的に文字文化の形態について考える、すなわち書誌学的なもので、よくある日本文化入門とは一線を画すものであった。いわゆる世界文学のなかに書誌学的なものは含まれないから、貴重なものであろう。筆者は、2週目を終えたところで時間が取れなくなってしまい、佐々木氏担当の写本の部しかまだ受講しておらず、一戸氏による版本の講義はこのあとの楽しみとしているので、以下の内容は、講義の全体に基づくものではないことをまずお断りしておきたい。写本の書誌学は、こまかな違いが多いために、触ってみないとなかなか看取しがたいところがあるが、この講義では、動画が丁寧に作られていることもあって、コメント欄では好評をもって受け入れられたようである。議論も盛んで、他の受講者の疑問に対して自発的に情報提供をしてくれる方もいた。筆者はかつて佐々木氏が集中講義においでになった際、同様の入門講義を受けたことがあったが、斯道文庫から現物を持ってくるわけにもいかず、筆者のいた大学もそういう貴重なものを持ち合わせているわけでもないので、模式図を通して学ばざるを得ず、歯がゆい思いをした記憶がある。直接触ることができない点は変わりないが、この動画によって実物を見ながらの解説を受けられるようになったのは大変喜ばしい。博物館などでただひとり解説を追いながら想像をめぐらすよりもよほど雄弁である。ただ、そのために、視覚障碍者の方々には十分教材を提供できない旨断り書きがあり、さまざまな配慮が行われているのを感じた。

■オンライン学習プラットフォームの各国の取り組みと、個人の試み

　実際のところ、MOOCが日々の研究者の営みのなかにどれだけ入ってくるものなのかはよく分からない。MOOC提供者としても余力と実績のある名門大学と結びつきたがる傾向にあるようではあり、また、各大学がコンテンツを制作する以上、スタジオなどを確保・運用できるところも現実的には限られてくる。さらに、今回のような紹介講義であればと

もかく、MOOC では、講義室での講義に代わる側面もあり、課題をこなすことで成績認定をするものもある。そうなると、MOOC プラットフォームの設置主体となる地域の講義文化に左右される面が大きく、そのようなところに MOOC の個性も出てくることとなる。たとえば、edX で課題の提出とその評価を相当重視しているのに対して、FutureLearn では座学と議論が受講の中心となるというコース設計の違いは、アメリカとイギリスの授業のありかたの違い……なのかもしれない。そこに他地域の大学が入っていくのは難しい面もあり、日本の大学が、gakko など日本のプラットフォームはべつとして、海外のプラットフォームに積極的に参画しあぐねているのも、理由のないことではないのだろう。

　そういう点で、カルガリー大学の楊暁捷氏の試みたような「動画・変体仮名百語」のように▶注 [5]（ほかにも近年また増えているようであるが、他日に期したい）、個人で制作する試みは今後とも有効であり、また、個別的な試みを超えて知見の共有が進むとよいと思うものである。

▶注

[1] edX では、専門の学生に向けた講義もあり、こちらは有料である。
Visualizing Japan. *edX*.
https://www.edx.org/xseries/visualizing-japan

[2] いうまでもないが、日本学の講義の提供者は日本の大学とは限らず、edX の上記講義シリーズは、実際、ハーバード大学・MIT と東京大学が連携して提供するものである。

[3] 案内によれば、このあとは、同大文学部の大串尚代氏らによるサブカルチャーの講義が 10 月よりあり、同文庫の堀川貴司氏による漢籍の講義が冬に予定されているようである。［付記］佐々木孝浩氏と白戸満喜子氏による和紙の講座も開講された。

[4] 慶應大学によれば、FutureLearn は「MOOCs（Massive Open Online Courses）配信事業体」であるとされている。

[5] 100 Classical Kana Words in Motion
http://people.ucalgary.ca/~xyang/kana/kana.html
なお、この楊氏は、第 11 回に取り上げた「kanaClassic」の作者である。「動画・変体仮名百語」『絵巻三昧』〈http://emaki-japan.blogspot.jp/2016/06/blog-post_25.html〉参照。

第18回 …2016.09

どうすればデータ分析や
ビジュアライゼーションをしやすいデータを
作ることができるか
—— 「近代書物流通マップ」に寄せて

タグ☞ #日本文学　#書誌学　#ビジュアライゼーション　#地理情報システム
#Google Map

■明治期日本の出版の実態をビジュアライズする

　2016年8月1日、国文学研究資料館の青田寿美氏らによって「近代書物流通マップ」ベータ版が公開された【図1】。これは、国文学研究資料館の「近代書誌・近代画像データベース」▶注[1]に掲載されたもののうち、「明治17〜21年発行の書籍747点」について発行者・印刷者・売捌所の情報をあらたに採録し、Google Map上にプロットしたものである。データの総数は3,552件という。

　これは、明治期日本の出版の実態をビジュアライズする試みということになるのだろう。ビジュアライゼ

【図1】近代書物流通マップ　https://the-artifacts.firebaseapp.com

ーションは、データの特徴を明らかにするものとして、人文情報学において好まれるアプローチのひとつであるが、デジタル日本研究においては、まだ流行にもなっていないように思われる。シカゴ大学の Hoyt Long 氏は、人文情報学における取り組み方として、「1. デジタル・コレクションを作成・維持する道の模索、2. 小規模・大規模データ分析の手法の開発、3. データ探索のための人文的データのビジュアライゼーション」を挙げ、デジタル日本研究においてはまだ 1. が多く、2. と 3. は徐々に始まってきているとしている▶注 [2]。また、一般に書物の流通は、知の形成を捉えるためにも重要であるにもかかわらず、基礎的なデータもそろっていない。また、書籍の現物を生産する印刷者や、出版者と読者をつなぐ売捌所（いまでいう取次）の役割は、重要であったことは疑いがないが、質的には捉えられることはあっても、量的に捉える試みがどれだけあっただろうか。それだけに、この試みはデジタルの強みを生かしつつ、人文学的にも高い貢献をなすものであるだろう。

■ Google My Maps は確かにすぐれているが

　冒頭に述べたように、本マップは、Google Map の My Maps 機能を利用しており、レイヤー機能を使って多面的な見せ方を工夫している。レイヤーは、作成可能である最大の 10 枚まで活用し、明治 17 〜 19 年と 20 〜 21 年の書籍に基づくレイヤー、売捌所の多い（50 カ所以上ある）書籍のレイヤー、印刷所・発行所それぞれのレイヤーがある。デフォルトでは明治 17 〜 19 年と 20 〜 21 年のレイヤーが表示されるようになっている。売捌所の多い書籍としては、『檜垣山名誉碑文』（1884、東京：法木徳兵衛）・『三英双美／政海の情波　第一巻』（1886、東京：丸善書店、博聞社）・『現今の政事社会』（1887、大阪：朧曦堂）・『世界進歩／第二十世紀』（1887、大阪：岡島宝文館）・『世界進歩／第二十世紀第三篇』（1888、大阪：岡島宝文館、鶴声社）・『滑稽／変挺演説会』（1888、東京：鶴声社）の 6 冊から地図が作られている。表示するレイヤーは複数選択可能なの

で、重複を見たり、あるいは表示を外して重ならない部分を見たりすることも可能である。選ばれた書籍は、一点一点売捌所が異なっておもしろい。最後のレイヤーは、くわしい説明を見いだせなかったが、採録した発行者・印刷者のなかでとりわけ多かったものを特別な色で、それ以外は同色のラベルでまとめたもののようである。よくよく工夫されたものであるといえよう。

　さまざまな可能性を秘めるデータであるだけに、利用に制約があるのは残念である。ひとつには、第三者が自由に使えるライセンスではないため、見て参考にする以上のことが許されていないことである。ビジュアライゼーションには、研究成果を披露するプレゼンテーションの技法のひとつであるという側面がある一方、本マップのように基礎的な情報を提示するものでは、そこにどのように情報を付加し、また知識を引き出すかというところに発展性があるといえよう。それゆえに、それを制約するようなライセンスとなってしまっているのは惜しまれるところである。勝手な言い分とは承知のうえであるが、このようなものは、腕に覚えのある第三者が好き勝手に工夫できるようになって初めて発展してゆくところがあるからである。

　第二に、Google My Maps のデータがダウンロードできるようになっているが、マッピングの結果が示されているだけで、位置比定に関する情報が抜け落ちてしまっている点で信頼度が全体的に不明となっている点も惜しまれる。そもそも、歴史的な地名を現在の地点に割り当てる作業には調べても限界があるわけで（おおまかな地域しか記されていない例も多いようである）、その点、なんらかの判断を伴わざるを得ないが、そのような判断の下し方について全体的に説明を欠いていることが気にかかる。その意味で、もともとのデータにアクセスできるようになっていないということがもったいなく思われるのである。

■デジタル日本研究の課題はなにか
　また、青田氏らの試みは大変な労作でありかつ先進的であるが、こ

のような基本的なデータは、一研究グループが維持していくよりは、たとえば国文研の「近代書誌・近代画像データベース」という大元において体系的に提供されるようになると、データの規模も上がって、ビジュアライゼーションなりデータ分析なりの人文情報学的手法から実像に迫っていく研究に深みが出てくるのではなかろうか。冒頭に述べた Long 氏の議論に述べられた枠組みで、デジタル日本研究において「デジタル・コレクションを作成・維持する道の模索」が多いというのは、ゆえなきことではなく、これがそのようなコレクションを持つ機関がデータを作成する途上にあるということであり、また「2. と 3. は徐々に始まってきている」というのは、それもまだ量的にデジタルの強みを生かしたものとするにはそこまで十分でない可能性を示唆する（研究者の側の技術力の問題も少なからぬ影響を及ぼしているのだろうが、ここでは問わないこととする）。そうなのだとすると、これは、コレクションを保持する、あるいはデジタル日本研究を推進する機関における今後の取り組みとして、どうすればデータ分析やビジュアライゼーションをしやすいデータを作ることができるかという課題があるのを示しているのだと思う。

▶注

［1］「近代書物・画像データベース」
　http://base1.nijl.ac.jp/~kindai/

［2］ Hoyt Long. Digital Humanities in Japanese Studies. Paper presented at *AAS / CEAL 2015*, Chicago, Mar 2015, p. 2.〈http://www.eastasianlib.org/cjm/meetings/2015/cjm2015_digitalHumanitiesInJapaneseStudies_byHoytLong.pdf〉

［付記］一度公開が取り下げられていたが、2017 年 7 月 15 日に再公開された。
　　また、青田寿美氏によって「近代書物流通マップ」の解説がされている。
青田寿美「書物を隅々まで〈読む〉：「近代書物流通マップ」「蔵書印データベース」のビジョン」『人文情報学月報』79、2018〈https://www.dhii.jp/DHM/dhm79-1〉
　　単に解説が述べられるのみならず、標題にあるように資料を「読みとく」技法が示されており貴重である。なお、本稿へのコメントとして、Google Map 形式の XML ファイル（KML/KMZ ファイル）がダウンロード可能な旨述べられているが、もともとの原稿はそれを見落として不適切な記載をしていたため、当初の意図を踏まえて書きあらためた。ご指摘に感謝する。

第19回 …2016.10

市民がウィキペディアにかかわるということ
──ウィキペディアキャンパス in 北大

タグ☞ #シチズン・サイエンス　#ウィキペディア　#ウィキペディア・タウン

　　　#品質保証　#北海道大学附属図書館

■ウィキペディア・タウンとはなにか

　北海道大学附属図書館において、2016年10月1日、ウィキペディアキャンパス in 北大が開催された▶注 [1]。これは、近時日本で盛んになっているウィキペディア・タウンという試み▶注 [2] を大学図書館で行おうというもので、ウィキペディア・タウンは、現時点で全国で50回以上行われているようである▶注 [3]。筆者は、ウィキメディア・プロジェクトのボランティアで、かつ北大の修了生というよしみもあり、ウィキペディア日本語版編集者で、ウィキペディア・タウンに長らくかかわっている日下九八氏にご同道願って、編集指導という立場で参加した。ここでは、筆者が指導にあたって考えたことや、参加しての感想をまとめておきたい（当日の配布資料は▶注 [4] で公開している）。なお、北海道新聞の記者が取材に来ており、記事にまとめられているので、開催の模様はそちらも参考にされたい▶注 [5]。

　ウィキペディア・タウンは、「住民が地域の情報をウィキペディアの記事として編集したり、ウィキペディアの姉妹プロジェクトでだれでも自由に利用できる画像等の情報を包括し提供している Wikimedia Commons に画像をアップロードする」（是住久美子氏）▶注 [2] 点が特徴である。少なくない参加者は、愛着のある地域について、「魅力を伝えたい」との考えから参加するのだろうが（北海道新聞でウィキペディアキ

ャンパス in 北大の紹介がされたときも（『北海道新聞』2016 年 9 月 2 日付朝刊）その
タイトルは「北大の魅力　ネット事典に」だった）、ウィキペディアの編集行動
をなんらかの手段に結びつけて捉えると、どうしてもウィキペディアの
編集者コミュニティーとのあつれきが生じやすい。それというのも、ウ
ィキペディアは、だれでも参加できる百科事典を作ろうとする試みであ
り、その帰結として、書き手の存在は可能な限り脱色されなければなら
ず、愛着や魅力の表現などは排除の対象となるからである。よくいわれ
る広告の禁止や「独自研究の禁止」などはその表現のひとつであり、専
門家も、ウィキペディアでは無色な存在であって、既存の文献を適切に
参照し、要約できることのみが期待されているといえる。

■情報は流すのは簡単でも、その真偽を確認するのは容易ではない

　編集指導にあたって、ウィキペディアに参加するといってもいろい
ろなレベルがあり、ひとまず筆者は、情報に基づいて適切に要約しな
がら執筆する重要性を説くことに務め、こまかいティップス的なこと
は実際に編集に取り組んでいるところで必要に応じて伝えることにし
た。講義はいささか抽象的に過ぎたかもしれないが、ウィキペディア
に参加するにあたって慣れにくいこととして、完全にボランティアに
よって動いているということや、「自分の知識を提供する場ではない」
ということがあると思うからである。

　当日は、20 名弱の参加があり、日下氏や北大附属図書館の川村路代
氏、そして筆者の解説を聞きながら、学生団体の案内でめぐった北大
内の歴史的建造物などについて、新規項目の執筆や既存の内容への加
筆、あるいは日本語版ウィキペディアから英語版や中国語版への翻訳
を試みていた。参加者が加筆・翻訳したもののなかには、参考にした
文献の記載はあるものの、個々の記述に出典の明記のないものがあり、
あらたな内容を加筆するよりも、内容の確認に追われていたのが印象
的であった。一般にうわさは流すのは簡単でも、その真偽を確認する
のは容易ではないというが、情報を確かめることの難しさを痛感した

のではなかろうか。それに対して、新規執筆組は、自分が書きたいことを情報で裏付けることの難しさを感じていた。

■**大きいファシリテーターの役割**

　ウィキペディア日本語版のコミュニティーは、よきにつけあしきにつけ、ほかの言語版のコミュニティーと比べて社会との接点となる層が薄く、ウィキペディアの仕組みやルールを理解してもらうこともそこまで熱心ではないので、ウィキペディア・タウンの参加者たちにも手加減なくウィキペディア内のルールに従うことを求めるため、結果として初心者がルールに合わない行動をして問題が発生することがある。そのようななかでウィキペディア・タウンのような試みを続けていくのには、ファシリテーターの役割が大きい。ウィキペディアのコミュニティーと参加者のあいだで、ファシリテーターが介入すべき問題は、ウィキペディア・タウンでウィキペディアに関心を持ち、編集者になろうというときにも起こりがちである。武蔵大学で北村紗衣氏が学生を相手に▶注 [6]、そして研究者を相手に講習をしているのも▶注 [7]、そのような事情によるものだし、組織的にこのようなことを継続できないところに現状のもろさがあり、当事者のひとりとして苦慮するところである。

■**ウィキペディア・タウンから研究者が分かること**

　このような個々の問題を超えて、一研究者としてウィキペディア・タウンのような試みに参加して思うのは、研究者が情報を提供する、あるいはどういうことが情報として足りないか考え直す格好の機会だということである（これは図書館員がウィキペディア・タウン参加者のリファレンスに応える意義とも似ているところがある▶注 [2]）。理念的にいって、ウィキペディアに書けない内容は、法に触れることと文体的な問題以外では、適切な情報源を得られないものくらいしかない。それは研究が不足している箇所なのかも知れず、あるいは自治体や企業、関係の団体

などでオープンにすべきことをしていないところなのかもしれない。
少なくとも、ウィキペディア・タウンなどで書きたいことと書けることとの折り合いを付けているところを見ていると、情報の偏在にあらためて気付かされるのである。偏在していることへの一般的な教訓はないものの、どういう偏在の仕方をしているかを見知ることは、専門家の責の一端なのかもしれないと思う。

▶注

[1] ワークショップ「ウィキペディアキャンパス in 北大」『Hokkaido University Library』〈https://www.lib.hokudai.ac.jp/2016/08/24/40115/〉

[2] 是住久美子「ライブラリアンによる Wikipedia Town への支援」『カレントアウェアネス・ポータル』CA1847〈http://current.ndl.go.jp/ca1847〉

[3] 「プロジェクト:アウトリーチ／ウィキペディアタウン／アーカイブ」『Wikipedia』
https://ja.wikipedia.org/wiki/%E3%83%97%E3%83%AD%E3%82%B8%E3%82%A7%E3%82%AF%E3%83%88:%E3%82%A2%E3%82%A6%E3%83%88%E3%83%AA%E3%83%BC%E3%83%81/%E3%82%A6%E3%82%A3%E3%82%AD%E3%83%9A%E3%83%87%E3%82%A3%E3%82%A2%E3%82%BF%E3%82%A6%E3%83%B3/%E3%82%A2%E3%83%BC%E3%82%AB%E3%82%A4%E3%83%96

[4] http://blog.karpan.net/wp-content/WinH_20161001.pdf

[5] 須田幹生「ネット事典の内容もっと詳しく！　ウィキペディアタウンに注目」（『北海道新聞』2016 年 10 月 12 日朝刊、札幌圏）。残念ながら、ウェブでの公開は確認できない。

[6] 「利用者：さえぼー／英日翻訳ウィキペディアン養成セミナー」『Wikipedia』
https://ja.wikipedia.org/wiki/%E5%88%A9%E7%94%A8%E8%80%85:%E3%81%95%E3%81%88%E3%81%BC%E3%83%BC/%E8%8B%B1%E6%97%A5%E7%BF%BB%E8%A8%B3%E3%82%A6%E3%82%A3%E3%82%AD%E3%83%9A%E3%83%87%E3%82%A3%E3%82%A2%E3%83%B3%E9%A4%8A%E6%88%90%E3%82%BB%E3%83%9F%E3%83%8A%E3%83%BC

[7] 「利用者：さえぼー／研究者・教員向けウィキペディア記事の書き方講習会」『Wikipedia』
https://ja.wikipedia.org/wiki/%E5%88%A9%E7%94%A8%E8%80%85:%E3%81%95%E3%81%88%E3%81%BC%E3%83%BC/%E7%A0%94%E7%A9%B6%E8%80%85%E3%83%BB%E6%95%99%E5%93%A1%E5%90%91%E3%81%91%E3-%82%A6%E3%82%A3%E3%82%AD%E3%83%9A%E3%83%87%E3%82%A3%E3%82%A2%E8%A8%98%E4%BA%8B%E3%81%AE%E6%9B%B8%E3%81%8D%E6%96%B9%E8%AC%9B%E7%BF%92%E4%BC%9A

第**20**回 …2016.11

国文学研究資料館のデータベース利用規程改定
──古典籍画像データが一挙にオープンに

タグ☞ # 文化資源　# オープン・データ　# メタ情報　# 国文学研究資料館

■国文学研究資料館のオープン・データの意味

　2016 年 11 月に入って大々的に公開された日本古典籍データセットの更新▶注 [1] とは違い、明確な発表はなかったものの、2016 年 10 月 1 日付で国文学研究資料館のデータベース利用規程が変わったことは注目に値する出来事であった▶注 [2]。新しいデータベース利用規程によれば、オープン・データとは次のようなものである。

　「「オープンデータ」とは、人間文化研究機構国文学研究資料館の画像データのオープン化に関する指針に基づき、当館データベースにおいて公開する館蔵原本資料および別に定める資料の画像データをいう。」▶注 [2]

　すなわち、国文学研究資料館（及び許諾のあった機関等？）で公開される、同館所蔵の資料画像のみがオープン・データの対象ということであろう（「画像データのオープン化に関する指針」についても公開されていれば拝見したかったが、されていないようである）▶ [付記]。永崎氏が指摘するように書誌データは対象外であって、この点、人文学オープンデータ共同利用センターの公開する日本古典籍データセットとはすみ分けがあるのかもしれない。

　ライセンスはクリエイティブ・コモンズ表示 - 継承（CC BY-SA 4.0）と呼ばれるもので、国文学研究資料館に画像の著作権があることを示し、かつ、派生した著作物にも同じ表示 - 継承のライセンスを適用する必

要がある（引用であれば必要ではない）。CC は、所定の条件を満たせば著作権上の制約は設けない、というものであり、表示 - 継承はその条件のなかの一種類である。派生作品とは、たとえば、小説を翻訳したようなものをいい、この小説にも同じ CC BY-SA でライセンスすることを求めるのが継承の意味である。

画像の活用に関しては、永崎研宣氏が IIIF を通じて画像の閲覧及びダウンロードのサービスを開始なさっているほか▶注 [3]、後藤真氏が提供者から見たこの規程改定と永崎氏サービスの意義についてまとめておられるので▶注 [4]、本稿で扱うべき事柄もあまりないのだが、いささか驥尾に付して（デジタル）日本学においてどのように活用することができるか漫然としたものではあるが考えてみたい。

▶IIIF
IIIF はトリプルアイエフと読む。国際画像互換性フレームワーク。画像配信における共通の取り決めを作ることで、画像の閲覧や取得に関するハードルを下げようという試み。ハーヴァード大学やスタンフォード大学、大英図書館などの図書館が中心となって IIIF コンソーシアムが設立されて普及に努めている。代表的な対応ビューワーに Mirador と Universal Viewer がある。第30回、第32回も参照。https://iiif.io/

■オープン化で助かったこと

まず、オープン化が進んでいることを喜びたい。これまでも画像はデータベースを通じて公開されていたとはいえ、一時期はすかしが画像を隠すほどに入っていたなど、サービスプロバイダーとして考えたときの所蔵機関と利用者の関係は対等ではなく、常に方針転換の不安がつきまとっていた。このたび、利用規程の改定を受けて、安心して画像を使えるようになったことはとてもありがたいことで、永崎氏が指摘するように、感謝し、かつ、支えてゆくべきことであろう。

オープン化により、翻刻等の許可も不要になった。翻刻の手続き等は、公共機関であれば所定の手続きを踏むことで済むことではあり、また、これからも学術の基本として、出所などはきちんと明記すべきところであって、利用の便が大きく増したということでもなかろうが、研究者の良心に信頼を受けたということでもあり、喜ぶべきことであろう。ただ一節ばかりの引用をするのに事前申請というのも煩わしく、任意の事後報告でよくなったというのは、いささか怠惰な姿勢ではあるが、助かるところである。なお、データベースで画像が公開されていないものを直接拝見・調査して、翻刻等利用するには、これまでど

おりの手順が維持されている（このあたりは国会図書館も同様で、バランスがどのようにあるべきか一度考えてみたいところである）。

　今回のものについては、画像データのみのオープン化であり、付随するデータはオープン化の対象とは示されていないので、データセットのような活用方法は難しいかもしれない。あくまで、個々の資料を個別に扱うのが簡単になったというべきであろう。その点で、デジタル処理を中心にした研究対象としては、オープン・データセットの価値はまったく下がっていないものと思われる。オープン・データセットとして整備することは、少なからぬコストを要することであり、容易ではないので、このような二本立てになるのは理解できることである。

　一研究者としては、データセットの選に漏れるような対象を中心としていることもあり、個人的に注目していた資料が分析しやすくなったのはありがたい話である。文字画像に基づくデータベースを作るのは、これまでなにかと制約が多く、使えるものでやりくりをするのに頭を悩ませていたが、今後は選べるものが多すぎて時間のやりくりに頭を悩ませるようになるものと思う。

■ DOI の設定と、これからの夢

　最後に、後藤氏の論考にもかかわるところもあろうが、国文学研究資料館が古典籍画像のオープン化という流れのなかで、どのようなロールモデルを果たそうとしているのかは興味深いところである。国文研では、文書や資料の URL といえる DOI を各資料に設定して、データ引用の便を図るなどしている。それじたいは国会図書館もしていることではあるが、一般の大学図書館や公共図書館が古典籍のデータベース公開を自館でしていく際には、規模が大きすぎて参考にならないところが多かったかもしれない。国文研はその点、古典籍総合データベースなどの蓄積によって各図書館の古典籍部門との関係も深いだろうし、古典籍画像のオープン化のリーダー格ともなればおもしろい。

▶DOI
デジタルオブジェクト識別子 Digital Object Identifier の略。国際 DOI 財団を中心に、ウェブ上の情報資源に安定的な番号を与える試み。論文からスタートしたが、現在はそれ以外のデジタル資源にも適用されている。中間参照点を立てることで、資源の公開元で URL を変更しても、DOI を適切に管理していれば目当てのものに行き着くことができる。

そして、古典籍総合データベースがオープン古典籍画像の総合検索サイトにでもなれば……というのは夢想が過ぎるだろうか。

▶注

[1] https://www.nijl.ac.jp/pages/cijproject/images/20161110_news.pdf

[2] 文書単独の永続的リンクがなくリンクしにくいが〈http://www.nijl.ac.jp/pages/database/〉に掲載されている。

[3] 「国文研館蔵和古書画像400万コマ近くがオープンデータに！」『digitalnagasaki のブログ』

http://digitalnagasaki.hatenablog.com/entry/2016/10/23/181351

[4] 後藤真「文化資源のデジタルデータ流通に突きつけられた課題：国文学研究資料館のオープンデータ公開と永崎研宣氏による公開から考える」（『リポート笠間』61、2016）。なお、この論考を受けた議論が次にまとめられている。「「文化資源のデジタルデータ流通に突きつけられた課題—国文学研究資料館のオープンデータ公開と永崎研宣氏による公開から考える」（後藤真・国立歴史民俗博物館）に寄せられた関連ツイートまとめ」『Togetter』

http://togetter.com/li/1044603

［付記］「人間文化研究機構国文学研究資料館の画像データのオープン化の推進に関する指針」は現在、https://www.nijl.ac.jp/search-find/img/opendata.pdf から公開されている。

第21回 …2016.12

参加者と開催者として見た
国文研アイディアソン

タグ☞#シチズン・サイエンス　#オープン・データ　#データセット

#データ共有　#情報発信　#国文学研究資料館

■オープン・データを活用するアイディアを出し合うイベント

　国文学研究資料館を中心に推進している「日本語の歴史的典籍の国際共同研究ネットワーク構築計画」事業では、2015年から2017年にかけて、「歴史的典籍オープンデータワークショップ」を実施した。いずれも、情報処理学会人文科学とコンピュータ研究会（SIG-CH）主催のシンポジウム「じんもんこん」の前日に同事業主催で開催されたものである（SIG-CH ほか各機関には共催をその都度ご快諾いただき、2015年については併催イベント「じんもんそん2015」として実施された▶注[1]。のちの2回については、併催としての位置づけは変わらないが、正式名称に「じんもんそん」は含められなかった）。初回のテーマは「古典をつかって何ができるか！」、第2回は「使いたおそう！古典籍データ」、第3回は「切ったり貼ったり、古典籍からなにを取り出そう？」であった。筆者は、第1回には参加しておらず、第2回には一般参加者としてかかわり、第3回には運営側としてかかわった▶注[2]。第2回と第3回について、立場の違いからいささか考えてみたい。

■第1回「古典をつかって何ができるか！」

　その前に、第1回について、▶注[2] に紹介した中村報告をもとに簡単に触れておく。2014年に正式に発足した同事業では、このイベント

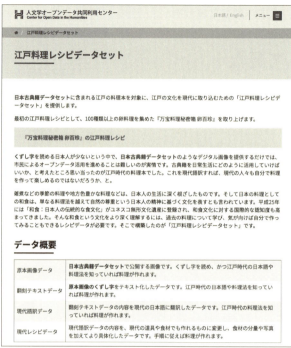

【図1】江戸料理レシピデータセット
http://codh.rois.ac.jp/edo-cooking/

に先立つ2015年11月に国立情報学研究所の情報学研究データリポジトリから「国文研古典籍データセット」をリリースしており▶注[3]、そのお披露目と活用のアイディアを出し合う場として開催されたものであるという。また、本書では特に触れていないが、翌年に公開されることとなるデジタル画像データベースのありようを問うことも企図していたとのことである。データセットに入っていた料理本が特に参加者の想像力を刺激し、まだこのときには準備室の段階であった情報・システム研究機構データサイエンス共同利用基盤施設人文学オープンデータ共同利用センター（CODH）及びクックパッドの協力によって、「江戸料理レシピデータセット」【図1】に展開することとなった。

■第2回「使いたおそう！古典籍データ」

　第2回は、2016年12月9日に国文学研究資料館において開催された。やはり開催に先立って、前記の「江戸料理レシピデータセット」のほか、「日本古典籍字形データセット」（現在は「日本古典籍くずし字データセット」）▶注[4]がCODHより公開されたことを受けてのことであった。第1回同様、前半に趣旨説明があり、班分けなどをして後半にそれを踏まえて参加者同士が活用アイディアを膨らませ、最後に各班

から発表して終わるというのがアイディアソンの定型である。ブレインストーミングというのはどれもそうだろうと思うが、アイディアソンにおいて「でも……」は禁止である。それはつまり、アイディアソンは、現状の実現可能性を問題とせず、一度は素材そのものの可能性を見極めてみようという場でなければならないということでもある。筆者のいたグループでは、本の外形を見るだけでも愛着が湧くのではという考えから、目録の書影を原本比に従って表示できたらとか、版元ごとに調べられたらなどなどの発想にいたった。このほかにも、文字データセットを活用・発展して、古文書の雰囲気で自分の用意した文章を打ち出せたらよいという意見もあった。これもまた中身ではなく、コスプレ、あるいはフォントを変えるような感覚で親しめるようにとの発想である。連綿の再現等で画像処理に精通した方々の連携が生まれる余地があるだろうなどと考えた。

■第3回「切ったり貼ったり、古典籍からなにを取り出そう？」

　第3回は、2017年12月8日に大阪市立大学文化交流センターにおいて開催された。このときは、2017年10月に「新日本古典籍総合データベース」が正式公開となり、またCODHから当データベースを利用した「日本古典籍キュレーション」がリリースされたことを受けて開催された▶注 [5]。さきに実現可能性は考えずにアイディアをということを述べたが、それは運営側にとっても同様で、オープン・データであるからにはなおのこと、できるだけ遠く考えが及ばないところにまで、あるいは自分ではとても実現できないところまでデータ活用が進んでくれればうれしいわけである。アイディアソンは、自分が使い手に簡単になれるということを知ってもらううえでも重要な機会であり、キュレーションという飛び道具はまさにうってつけに思われた。それがどのような思考を羽ばたかせたかは開催報告に譲るとしても、いささか教訓めいたこととしては、次のように思うわけである。データ提供者としては継続的にデータを知ってもらい、また使いでのある

データを提供し続けること。データ利用者としては、実現性はどうあれ、データを自在に使う発想の余裕を蓄えておくことである。このように自分ではとてもできないアイディアが浮かぶとき、著作権でアイディアが保護されないことがすばらしいことのように思える。

▶注

[1] 後継というわけではないが、「じんもんそん 2014」（「人文科学データアイデアソン「じんもんそん」〜文化芸術情報の活用を考える〜」）が「じんもんこん 2014」の併催イベントとして開催されている。

https://peatix.com/event/58842

　これは、NPO 法人リンクト・オープン・データ・イニシアティブと OpenGLAM Japan の主催になるものであり、本アイディアソンを通じて当日のオーガナイザーをお願いした国立情報学研究所の大向一輝氏はここでもオーガナイザーであったと聞く。

「人文科学データアイデアソン「じんもんそん」〜文化芸術情報の活用を考える〜　#じんもんそん #OpenGLAM」『Togetter』

https://togetter.com/li/757552

[2] 第 1 回については、当時の担当者のひとり中村美里氏からカレントアウェアネスにおいて報告がされている。

中村美里「国文研「歴史的典籍オープンデータワークショップ」〈報告〉」『カレントアウェアネス−E』296、2016〈http://current.ndl.go.jp/e1754〉。

　また、各回の公式の開催案内と報告は以下の通り：

2015 年 開催案内 https://www.nijl.ac.jp/pages/cijproject/ideathon.html

開催報告 https://www.nijl.ac.jp/pages/cijproject/report20151218.html

2016 年 開催案内 https://www.nijl.ac.jp/pages/cijproject/ideathon2016.html

開催報告 https://www.nijl.ac.jp/pages/cijproject/report20161209.html

2017 年 開催案内 https://www.nijl.ac.jp/pages/cijproject/ideathon2017.html

開催報告 https://www.nijl.ac.jp/pages/cijproject/report_20171208.html

[3] データセットの現在については第 9 回参照

[4] 字形データセットの展開については、第 45 回参照

[5] キュレーションについては、第 32 回参照。

[付記] 本稿は連載時のものを全面的に改稿したものである。そのとき触れていない内容について説き及んだ箇所もある。本稿はあくまで筆者個人の見解に基づく。

第**22**回
~
第**33**回

第 22 回 …2017.01

ボランティアとのコラボレーションの方法
──「みんなで翻刻」リリースに寄せて

タグ☞ #シチズン・サイエンス　#文化資源　#自然災害　#電子化
　　　#電子テキスト　#京都大学古地震研究会

■ボランティア・ベースで翻刻を進める

　「みんなで翻刻」が 2017 年 1 月 10 日にリリースされた【図1】。これは、京都大学古地震研究会の設置したものであり、地震関係史料のうち未翻刻史料の翻刻をボランティア・ベースで進めようというものである。当面の目標として、東京大学地震研究所の石本文庫の翻刻を行うものという。マスメディアからの注目も著しく、大きく取り上げられた▶注 [1] [2] [3]。石本文庫は、東大地震研第 2 代所長石本巳四雄氏の蔵書が寄贈されたもので、災害に関する史料を集めたものであるという。

　なお、この小文は、2017 年 1 月 16 日現在の内容であって、その後加えられた変更は反映されていない。開発者の橋本雄太氏が tweet しているように▶注 [4]、機能等の追加や改善は随時行われるものと思われるので、この内容には拙速なものも少なから

【図1】みんなで翻刻　https://honkoku.org
Web アプリケーション「みんなで翻刻【地震史料】」の公開 －市民参加で地震史料を後世に残し、新たな史料発掘へ－
http://www.kyoto-u.ac.jp/ja/research/research_results/2016/170110_1.html／

ずあろうかとは思われる。速報を意識した、にわか仕立てのものであることはご承知のうえお読みいただきたい。

■翻刻文のライセンスと、インターフェース

「みんなで翻刻」は、地震を中心に、災害関係の未翻刻史料をボランティアの手を借りて翻刻して、史料の発掘と有効活用を目指すものである。現在は石本文庫の史料を用いているが、将来的にはもっと多くの史料の翻刻を目指すとのことである。参加者は、Google+、Facebook、Twitter のいずれかのアカウントを通じてログインすることが求められる。

現状では、原史料の画像は「みんなで翻刻」内での利用に限られているが、できた翻刻文に関しては、クリエイティブ・コモンズライセンスによって自由に利用できるようになっている（CC BY-SA 2.1JP と古いものであるが、意図があるのだろうか）。史料の翻刻入力画面やガイドラインのほか、KuLA（第 11 回で言及した、古文献の手書き文字学習アプリ）との連携によって、初心者にもできる限り開いたプロジェクトにしようとしている。KuLA とログインのデータベースが共通のようで、KuLA にすでに登録しているひとは、そのアカウントでそのまま参加が可能になる。これは、「みんなで翻刻」というプロジェクトの名を実質化する試みで重要であろう。利用者がどれほど使っているか興味が持たれるところである。

翻刻入力画面には、常用の記号類などのショートカットがあり、使い慣れなかったり打ち方が分からなかったりする記号にも対応している。ノートが各コマに用意されており、翻刻上の問題点等について議論できるようになっている。翻刻は履歴管理がされており、変更点を追うことができる。翻刻を更新する際には、コメントを付すことができる。最新の更新は随時反映され、初心者が疑問点をコメントに書いているのを上級者が見つけて修正を加えるという光景もまま見られるが、一度埋もれてしまうとなかなか見つけにくいうらみがあるようで

ある。また、翻刻を一通り終えると翻刻完了というチェックをすることになるが、編集し直すと外れてしまうなど進捗管理がいまのところ直感的ではないなど、出発したばかりゆえの問題点は皆無ではない。今後の開発が期待されるところであろう。

■先行プロジェクトと比較すると

本プロジェクトをボランティアに史料を翻刻してもらうプロジェクトとして考えれば、この発想じたいに新しさがあるわけではない。対象とする時代と分野は異なるが、青空文庫（http://www.aozora.gr.jp/）を筆頭に、Project Gutenberg（https://www.gutenberg.org/）などの似たような目的のプロジェクトはすでにいろいろ続けられている。このほかにもスミソニアン博物館では翻刻プラットフォームを設けて、同様のプロジェクトを多数運営しているそうである▶注[5]。青空文庫などは、ボランティアによってのみ運営されており、対して、スミソニアン博物館では同博物館の監修のもとで作業が進められているという相違がある。コミュニティーの形成ということを考えたときに、なんらかのかたちで先行プロジェクトの形態に学ぶところはあるかと思うので、印象論ではあるが、比較を行ってみたい。

このようなプロセスの差は、最終的な責任のありようともかかわり、先行プロジェクトでも絶えず議論されてきたものと思われる。いずれのプロジェクトでも、翻刻の対象・方法・掲載までの流れなどの手順やスタンダードが定められ、プロジェクトとしての質を確保しようとしている。Project Gutenberg▶注[6]や青空文庫▶注[7]などでは、翻刻を行うボランティアがプロジェクトのありかたにまで決定権を持ち、中心となるひとびとの合意によって運営が行われる（ウィキソース〈https://ja.wikisource.org/〉のように、運営財団がサービスプロバイダーと割り切って方針決定にまったく関与しないものもある）。一方、スミソニアン博物館のプラットフォームでは、プロジェクト実施者が情報の正当性にまでかかわることによって、運営にボランティアに携わる範囲が制限され

ている▶注 [8]。

　先ほど「みんなで翻刻」の進捗管理について触れたが、進捗管理のありようを決めることは、ボランティアがどこまでプロジェクトにかかわるのかということと無関係ではない。「みんなで翻刻」というプロジェクトにとっては、京大古地震研究会が、運営者として運営方針や内容にどこまでかかわっていくのかということである。相互レビューや管理者を置くという予定もあるとのことであるから▶注 [9] [10]、少なくともスミソニアンほど伽藍的ではなく、かつウィキソースほどバザール的でもなく、中間的なものになるのだろうとは思うが、そのためには、参加者相互のコミュニティー形成が欠かせず、フォーラムや履歴確認機能などの、いまは不足している機能を通じて技術的・人的に支援していくこととなるのであろう▶注 [11]。

　日本学のほかの分野の資料の翻刻プロジェクトを実施していくにあたっても、単に「見たまま」に翻刻をしていけばいいのではなく、それぞれの分野の事情が影響してくるものと思われる。日本語学の立場から翻刻を見たとき、「見たままの翻刻」とはなにかということは常に気にかかるところである▶注[12]。文学研究にはまた違った翻刻の流儀や目的もあろう。「みんなで翻刻」がどのように参考にできるか、注目されるものと思う。

▶注

[1]「地震古文書みんなで解いて　京大がアプリ開発、参加募集」『朝日新聞デジタル』
　http://www.asahi.com/articles/ASK1674LMK16PLBJ00Z.html
[2]「みんなで翻刻：古文書、地震読み解け　京大の研究会、市民参加へサイト」『毎日新聞』
　http://mainichi.jp/articles/20170111/ddf/041/040/005000c
[3]「古い地震史料のくずし字をユーザーがテキスト化する「みんなで翻刻」、京大・古地震研が公開」『INTERNET Watch』
　http://internet.watch.impress.co.jp/docs/news/1038501.html
[4] https://twitter.com/yuta1984/status/820284453368926208
[5] Smithsonian Digital Volunteers

▶伽藍的・バザール的
E・レイモンドによる『伽藍とバザール』というプログラム開発に関する著作から。伽藍とは、閉鎖的で少数者の意思決定に基づく開発空間を指し、バザールとは、意思決定のプロセスはありつつ、色々な人が自由に参画して競争的に開発が進行する様を指す。

https://transcription.si.edu/

［追記］米国国立公文書記録管理局（NARA）も「市民アーキヴィスト」のためのポータルにおいて翻刻事業を行っている。

Transcribe | Citizen Archivist. *National Archives.*

https://www.archives.gov/citizen-archivist/transcribe

　NARA では、この事業を検索結果向上のためと位置づけているようで、翻刻のチェックプロセス等には特に定めがなく、またタグ付けを推奨している点でもほかのプロジェクトと違った目的を持つものといえよう。コミュニティー形成という面では、「翻刻者コミュニティー」というものが最も成立しにくいもののようではあるが、翻刻のためのヒントなどが充実している点、違ったおもしろさがある。

Transcription Tips. *National Archives.*

https://www.archives.gov/citizen-archivist/transcribe/citizen-archivist/transcribe/tips
ご教示いただいた永崎氏に感謝申し上げる。

［6］DP: FAQ Central

https://www.pgdp.net/c/faq/faq_central.php

［7］工作員手帳

http://eunheui.sakura.ne.jp/aozora/

［8］https://transcription.si.edu/instructions

［9］https://twitter.com/yuta1984/status/819341965007294464

［10］https://twitter.com/yuta1984/status/820111775257403396

［11］https://twitter.com/yuta1984/status/820113977053065216
　開発者も募集する可能性が示唆されている。

［12］池田証寿「包摂と分離：多漢字文献翻刻の問題」（『情報処理学会研究報告』107、2003）を参照。

［付記］「みんなで翻刻」は非常な人気を博し、現時点で石本文庫の資料をほぼすべて翻刻しおえて石本文庫以外の史料も多々追加されるようになっている。橋本氏が知見をまとめて博士論文にしている（橋本雄太「市民参加型史料研究のためのデジタル人文学基盤の構築」京都大学学位論文、2017）。

　本文中で記した事柄について、CC ライセンスは（最新ではないが）3.0 となり、埋もれやすいコメントも「添削依頼」という機能を付したりすることによって補うなど、その他の点も改善が見られる。京都大学古地震研究会の枠を超えた IIIF 対応の翻刻プラットフォームへの移行が 2019 年 7 月に行われ、東寺百合文書が対象に加わった。また、SAT 大正新脩大蔵経テキストデータベースなどからも資料が提供され、市民参加型の翻刻プラットフォームとして確立しつつある。

第**23**回 …2017.02

Data on the Web Best Practices を読む

――W3C が公開した Web でのデータの出し方・使い方

タグ☞ # デジタル人文学　# データセット　# データ共有　# メタ情報　#W3C

▸W3C
(World Wide Web Consortium)
HTML や CSS などの Web に関するさまざまな規格を定める協会（現在 W3C では HTML の規格を定めていない）。

■開発者に使ってもらいやすい、公開者が公開しやすい、データ公開のありかたの手引き

2017 年 1 月 31 日に W3C（World Wide Web Consortium）が Data on the Web Best Practices（以下、DWBP）を公開した【図 1】。これは、先行して公開されていた Data Quality Vocabulary（以下、DQV）▶注［1］と Data Usage Vocabulary（以下、DUV）▶注［2］を受けて、その総論として公開されたものである。名前から知られるように、ウェブ上におけるデータに関する「最良の方法」をまとめたものである。DWBP ワーキング・グループ定款にあるように▶注［3］、行政や科学的研究、文化財に関するデータを明確な対象として、データ公開者とデータを活用する開発者とのあいだを取り持つことを目的とした文書である。

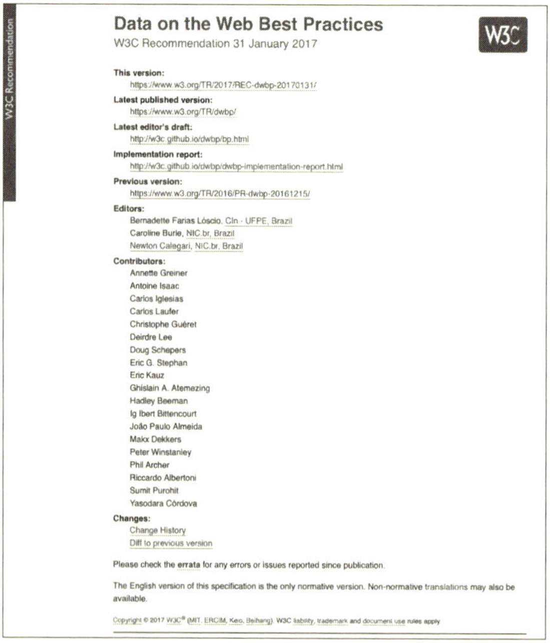
W3C Recommendation

Data on the Web Best Practices
W3C Recommendation 31 January 2017

W3C

This version:
https://www.w3.org/TR/2017/REC-dwbp-20170131/
Latest published version:
https://www.w3.org/TR/dwbp/
Latest editor's draft:
http://w3c.github.io/dwbp/bp.html
Implementation report:
http://w3c.github.io/dwbp/dwbp-implementation-report.html
Previous version:
https://www.w3.org/TR/2016/PR-dwbp-20161215/
Editors:
Bernadette Farias Lóscio, CIn - UFPE, Brazil
Caroline Burle, NIC.br, Brazil
Newton Calegari, NIC.br, Brazil
Contributors:
Annette Greiner
Antoine Isaac
Carlos Iglesias
Carlos Laufer
Christophe Guéret
Deirdre Lee
Doug Schepers
Eric G. Stephan
Eric Kauz
Ghislain A. Atemezing
Hadley Beeman
Ig Ibert Bittencourt
João Paulo Almeida
Makx Dekkers
Peter Winstanley
Phil Archer
Riccardo Albertoni
Sumit Purohit
Yasodara Córdova
Changes:
Change History
Diff to previous version

Please check the **errata** for any errors or issues reported since publication.

The English version of this specification is the only normative version. Non-normative translations may also be available.

Copyright © 2017 W3C® (MIT, ERCIM, Keio, Beihang). W3C liability, trademark and document use rules apply.

【図 1】Data on the Web Best Practices
https://www.w3.org/TR/dwbp/

DWBP に先立って、すでに 2014 年に W3C ではリンクト・データ に関するベスト・プラクティスについてもまとめ、Best Practices for Publishing Linked Data（BP-LD）として公開している▶注 [4]。これは行 政に関するリンクト・データについての勧告を検討する作業部会の起 草したもので、覚書（Working group notes）として公開されたものである▶ 注 [5]。それに対して、DWBP は、オープン・データの広まりを受けて、 必ずしもリンクト・データや特定のデータ形式に限定せず、データ公開 者と開発者のあいだで起こる問題を蒐集・類型化し、乗り越えること を目的として、DWBP ワーキング・グループが勧告（Recommendations） として作成したものであるという違いがある。BP-LD が行政関係リン クト・データの作成の流れを簡単にまとめたものであるのに対して、 DWBP は開発者に使ってもらいやすい、あるいは公開者が公開しやす いデータ公開のありかたの手引きとして作成されたものといえよう。

■実際に読んでみると

DWBP は、DWBP 本体、DQV、DUV 及び事例▶注 [6] からなる。DWBP 本体では、データ公開に関して、このようなベスト・プラクティスを 参照する意義や対象読者などを説いた導入に続いて、ひとつの事例を 中心にベスト・プラクティスが説明され、付録として用語集、データ の公開・利用上起きがちな問題とその対処についてのダイヤグラム、 ベスト・プラクティスに従うことで得られる便益、データに関する要 求とベスト・プラクティスの組み合わせが整理されている（なお、ベス ト・プラクティスを編むにあたって参考にした例が▶注 [7] に掲載されている）。 DQV は、データセットの「質」に関するメタデータ用語彙を提供する ものである。ここでいう「質」とは、高品質とか低品質とかいったよ うな価値判断ではなく、そのデータがどう使えるかということに関す る「記述」に近い。すなわち、データの編さん体勢、完備性、準拠す る標準などを明示することによって、データの質を説明しようとして いる。DUV は、データ利用者向けの語彙で、データセットの引用や評

価などを記述する際に用いる。引用に際して、利用方法などを記述することができ、データ公開者が利用状況などを把握しやすいようになっている。事例においては、データ公開や利用をしているところから、データ公開・利用にまつわる問題点などが整理されている。

　ベスト・プラクティスの記述はかなり丁寧で、メタデータの必要性・作成の要点などの基本的なことからケーススタディーのかたちで述べられており、理解しやすい。例として、一番目のものを見てみよう。事例としては、ある市で公共交通機関に関するデータを公開することになったが、最新で、かつコンピューターで扱いやすく、ウェブで発見しやすいデータをどうやって作っていくか、という問題への対処としてまとめられている。対処法のひとつめのものは、メタデータを作ろうというものである。メタデータを適切に作成すれば、データの構成や使用条件等が、第三者にも容易に分かるようになり、ウェブ上で発見されやすくもなり、目的にかなう。さらに、ひとに分かりやすいデータ、コンピューターに分かりやすいデータというのはそれぞれ異なり、コンピューターに分かりやすい形式とはなにかということが解説されている。また、そのベスト・プラクティスに従ったときの検証方法についても簡潔に記述があり、それをすることによる便益についても分かりやすくマークで示されている（ひとつめの事例については、再利用性・発見可能性などがそれにあたる）。

■データ公開となったとき、どうすれば使ってもらえるのか考える一助に
　DWBP の記述例として紹介した時刻表のデータについては、大都市圏内での移動にスマートフォンでの乗り換え案内に依存してしまうことすらある現代の私たちには、ユースケースが明白なものに見える（しかし、案外実用化にいたるまではそうでもなかったということが▶注 [8] で述べられている）。だから、そもそもデータの公開のありようを考えているばあいには、そこまで手助けにはならないかもしれないが、いざデータ公開となったときに、どうすれば使ってもらえるのか知っておくと、

ずいぶんと動きやすくなるものである。W3C の勧告とだけあって、よくまとまっており、一読に値するものと思われる。

▶注

[1] Data on the Web Best Practices: Data Quality Vocabulary
https://www.w3.org/TR/vocab-dqv/

[2] Data on the Web Best Practices: Dataset Usage Vocabulary
https://www.w3.org/TR/vocab-duv/

[3] Data on the Web Best Practices Working Group Charter
https://www.w3.org/2013/05/odbp-charter

[4] Best Practices for Publishing Linked Data
https://www.w3.org/TR/ld-bp/

[5] W3C の文書の種類については、最新のものに必ずしも対応していないとの断り書きがあるものの、
「W3C 勧告プロセスの概要」『The Web KANZAKI』
http://www.kanzaki.com/w3c/process.html
が参考になる。勧告は、ワーキング・グループからの提案を受けて、W3C で承認を得たものであり、このような手引きの重要性が認識されているということがうかがわれる。

[6] Data on the Web Best Practices Use Cases & Requirements
https://www.w3.org/TR/dwbp-ucr/

[7] DWBP Implementation Report
http://w3c.github.io/dwbp/dwbp-implementation-report.html

[8] Bibiana McHugh. "Pioneering Open Data Standards: The GTFS Story." In Brett Goldstein and Lauren Dyson（eds.）*Beyond Transparency: Open Data and the Future of Civic Innovation*. San Francisco: Code for America, 2013.
和訳は
「オープンデータ標準を作る：GTFS 物語」『Qiita』
http://qiita.com/niyalist/items/5eef5f9fef7fa1dc6644

第 **24** 回 … 2017.03

権利の切れた画像資料のオープン・データ化
── 大阪市立図書館デジタルアーカイブ

タグ☞ ＃地域資料　＃オープン・データ　＃メタ情報　＃電子化　＃情報発信　＃大阪市立図書館

■すでに公開されていたデジタル・アーカイブのオープン・データ化

　2017年2月23日、大阪市立図書館は、デジタル・アーカイブ中の権利的に問題のないと思われる画像資料をオープン・データとすることを発表した▶注 [1] [2] [3] [4]。大阪市立図書館デジタルアーカイブ【図1】は、2014年1月に現在のかたちになり、大阪市史編纂所▶注 [5] が蒐集した資料を中心とする近世古文書や、近代大阪の絵はがき・写真を中心に構成されている。オープン・データの形式としては、CC BY 4.0が採用されており、「大阪市立図書館デジタルアーカイブ」によることが明示されていればよいそうである▶注 [6]。なお、「大阪市オープンデータの取り組みに関する指針」▶注 [7] では、「データの検索性、利用における利便性向上を図るため、データ公開基盤（カタログサイト、API等）を構築していく」ものとされているが、このデジタル・アーカイブについては

【図1】大阪市立図書館デジタルアーカイブ
http://image.oml.city.osaka.lg.jp/archive/

掲載対象外とのことである（カタロギング対象外なのは、後述のようなことも
あるので残念であるが、このようなことが周知されているのは、よいことである）
▶注 [8] ▶[付記]。

　岡本氏が指摘するように▶注 [3]、このデジタル・アーカイブはすで
に公開されていたものであり、そのなかで公開できるものがオープン・
データ化されたということである。氏は、さらに、「同様にすでにデジ
タルアーカイブを持つ図書館等の文化機関」でも、「考え方次第ですぐ
にでも同じことを始められ」ることを指摘し、諸機関が続くことを鼓
舞しており、心から同意するが、それでは、今回は、どのようなもの
が「公開できる」ものとされたのだろうか。それについては、追って
報告があるのだろうが、ここでは、CC BY が付された資料とそうでな
い資料を比較して推測を加えてみたい。

■ CC BY が付された資料とそうでない資料を比較する

　2017 年 3 月 16 日の時点では、館内限定公開画像を除いて（以下同、た
だしこれはほぼ住宅地図だろうと思われる）、11,881 件の画像が公開されてお
り、そのうち、CC BY が付与された資料は 6,967 点であった（フリーワー
ドに "CC BY" を指定）。オープン・データのうちわけは、絵はがき =3,052、
浄瑠璃本 =1,432、大阪関係などの文書 =1,338、写真 =414、引札 =303、
百人一首文庫 =212、芝居番付 =114、間重富・間家関係文書 =102、水帳、
家分文書、地図 =0 である。水帳や家分け文書、地図が 0 件なのは、プ
ライバシー等の問題があろうかと思うし、オープン・データ化こそさ
れてはいないが、公開されていることじたい関係者の尽力を思わせる
ものである。さらに、オープン・データ化対象の資料は、ほとんどが
オープン・データ化されているというのも注目すべきことである。浄
瑠璃本や引札などの古典籍資料は全点がオープン・データ化されてい
るし、近代のものでも、絵はがきは全 3,053 点中 3,052 点がオープン・
データ化されているのであり、写真も 418 点中の 414 点であって、か
なり丁寧に作業が進められていたことがうかがわれるのである。

この作業を通じて、オープン・データ化されていない1点の絵はがきや、4点の写真がどのようなものか気になったが、特にそのようなものを検索できる手段はなく、特定は困難であろう。また、5,000件の検索上限があり、今後アーカイブが拡充していったとき、資料をどのように網羅的に見せるかは非常に課題であろうと思われた（このような問題は、国会図書館のデジタルコレクションにもあり、ひとりここだけの課題ではないのだが）。また、こまかいことだが、年代不詳のものの扱いが、「刊年不明」であったり、「出版年不明」であったり、用語が揺れるほか、写本にも「出版年不明」と記載される例があり、そのような点もメタデータの観点からは課題なのではなかろうか。ひとつの解決策としては、大阪市のカタログサイトからメタデータのみの提供をすることであろう。その際、リンクト・データなどの形式を採用することが考えられるだろう。

■公開されている画像の質と、メタデータの改善

大阪市立図書館デジタルアーカイブのオープン・データ化によって、「ガイドブックへの掲載や大阪の情報を発信するホームページなどの素材、土産物などへの活用を想定」しているとのことだが▶注 [9]、公開されている画像の質は、必ずしも出版に耐えられるものばかりでもないようである。撮影時期等々の都合によるのであろうが、低解像度の画像は用途がどうしても限られてしまう。限られた調査では、高解像度の画像が発見できなかったが、だとすればなおのこと、高解像度のデータへの誘導が課題であり、そのためには、検索方法の改善もさりながら、メタデータの公開が重要になってくると思われる。LODハッカソンで本オープン・データが話題になったというが▶注 [10]、このような問題を市民と協同で解決するというのは重要と考える。

▶ハッカソン
ハッキング（不正利用ではなく、開発の意）とマラソンを組み合わせた語。同士が一箇所に集まるなどして、日がな一日（長ければ数日）とにかくハッキングに邁進するようなイベントをもともとは指す。近年は、アイディアソンなど、数時間程度でも集中してなにかに取り組むイベントをなんとかソンと言うことが多い。

▶注
[1]「報道発表資料 大阪市立図書館が所蔵する昔の写真・絵はがき等デジタルアーカイブの画像をオープンデータ化します」『大阪市』

http://www.city.osaka.lg.jp/hodoshiryo/kyoiku/0000390304.html

[2]「図書館所蔵の昔の写真・絵はがき等画像をオープンデータ化」『大阪市立図書館』

http://www.oml.city.osaka.lg.jp/index.php?key=jojeh77qp-510#_510

[3]「大阪市立図書館、図書館所蔵の昔の写真・絵はがき等の画像をオープンデータ化」『カレントアウェアネス』http://current.ndl.go.jp/node/33536

[4]「2017-03-03（Fri）：大阪市立図書館での会議と講演」『ACADEMIC RESOURCE GUIDE（ARG）』

http://www.arg.ne.jp/node/8838

[5]「市史編纂所」『大阪市立図書館』http://www.oml.city.osaka.lg.jp/?page_id=871

[6]「オープンデータについて」『大阪市立図書館』

http://www.oml.city.osaka.lg.jp/?page_id=1633

[7]「大阪市オープンデータの取り組みに関する指針」『大阪市』

http://www.city.osaka.lg.jp/ictsenryakushitsu/page/0000295385.html

[8]「大阪市立図書館デジタルアーカイブにおけるオープンデータ公開について」『大阪市オープンデータポータルサイト』

https://data.city.osaka.lg.jp/info/75.html

[9]「大阪ゆかりの貴重資料6000点をデータで無料提供　市立図書館」『産経WEST』

http://www.sankei.com/west/news/170308/wst1703080047-n1.html

[10]「第8回LODハッカソン関西inインターナショナル・オープンデータ・デイ大阪2017」『Peatix』 http://iodd2017osaka.peatix.com/
上記に、「大阪市立図書館が所蔵する昔の写真・絵はがき等デジタルアーカイブの画像をオープンデータ」の活用も検討します、とのリンクがある。

[付記] 現在、CC BYで公開される資料は7,188点にまで増加している。また、大阪市オープンデータポータルにおいて、オープン化されたものに関するデータカタログが提供されるようになった。確認時点では平成30年3月2日時点のものが掲載されていた。

「大阪市立図書館デジタルアーカイブオープンデータコンテンツ書誌情報データセット」『Osaka Open Data Portal』

https://data.city.osaka.lg.jp/data/dataset/data-00000391

　書誌的なメタデータはかなり豊富であるが、画像の再利用性という点でいえば、解像度や画像サイズの記載がほしかったところである。これは、単に情報の完備性というにとどまらず、利用者が個別にサイズを把握する必要が出て無駄なネットワークアクセスが発生してしまう実害を伴う問題である。

　また、大阪市立図書館の澤谷晃子氏の講演がされている。

　澤谷晃子「大阪市立図書館デジタルアーカイブのオープンデータの利活用促進に向けた取り組み」『デジタルアーカイブ学会誌』3.2、2019

第**25**回 …2017.04

無償かつオープンソースライセンスで
公開されたフォント
──**Adobe・Google の中日韓対応明朝体フォント**

タグ☞＃フォント　＃国際化　＃オープン・データ　#Google　#Adobe

■トウフマーク（□）をなくすことを目指して

　2017 年 4 月 3 日、Google と Adobe は、中日韓対応の明朝体フォン
トを公開した▶注 [1] [2]。これは、Google、Adobe が 2014 年にリリー
スしたゴシック体フォント Noto Sans CJK に続くもので▶注 [3]、Google
の取り組む「フォントの不足で表示できない文字をなくそう」という
Google Noto Fonts というオープンソースフォント開発プロジェクト
の一環で開発されたものである▶注 [4]。Google、Adobe の両者からべ
つべつに公開されており、Google からは Noto Serif CJK、Adobe から
は Source Han Serif（日本語名：源ノ明朝、中国語名：思源宋體、朝鮮語名：본
명조）という名称である。以下、便宜上 Noto Serif CJK で統一する。

　どうしても新しい「無料」の日本語フォントという目線で見がちで
あるが、このリリースじたいはそれより広い意味合いを持つ。Google
Noto の "Noto" とは、NO more TOfu、すなわちテキストを表示した
際、適切な文字を持つフォントがないばあいに出てくるトウフマーク
（□）をなくすことを意味する▶注 [5]。Google の開発する Android や
Chrome OS 等で使用している Droid フォントの拡張という実際的な
意味もあるようである▶注 [4]。Google では、そのために各地のフォン
ト制作会社や文字の専門家と連携して、一貫したスタイルでフォント
を展開しており、1980 年代になって作られたアフリカのアドラム文字

（フラ文字）については、製作者と連携してフォントがデザインされたという▶注 [6]。CJK 版もその一部として開発されたものである。Google Noto は 2016 年 10 月の時点で、800 の言語に対応し、11 万もの文字を有する一大フォントとなっている▶注 [4] [7]。

■繁体字・簡体字、日本語の漢字、朝鮮語の漢字、四つの変種について、デザイン的な一貫性を保ちながら異なりを極力保存する

　Noto Serif CJK は、Noto Sans CJK と同様、Google と Adobe の主導のもと、中国の常州華文・日本のイワタ・韓国の Sandoll が協力して開発された。▶注 [2] の映像で、Adobe Japan のチーフ・フォントデザイナーの西塚氏が語るように、このフォントは、液晶画面等で鮮明に文章を表示することを予定しつつ、印刷物などにも用いられるような高品位のデザインを目指したものであるという。数万もの文字に対応するために、漢字のデザインには、Adobe の小塚明朝のストロークシステムを活用したとのことである。個人的な印象を語れば、写研の本蘭明朝や大日本スクリーン製造のヒラギノ明朝体 W2 を思い出させるモダンですっきりとした、しかし、フォントワークスの筑紫明朝のごとき筆画の動きへのこだわりも見せる書体に仕上がっている▶注 [8]。Noto Sans CJK と同じく、このフォントで注目すべきは、中国語の繁体字・簡体字、日本語の漢字、朝鮮語の漢字という、一言で「同文」といっても細部において異なりを持つ四つの変種に対して、デザイン的な一貫性を保ちながら、その異なりを極力保存したことにある。これがローマン・アルファベットであれば、ロマンス語圏向けの文字、ゲルマン語圏向けの文字に分かれるようなもので、そのような事態はあまり考えにくいが、いわゆる漢字文化圏を覆おうとするとなると、そのようなことが問題になる【図1】（▶注 [2] では、その 4 種類がすべて異なる「曜」の例が挙げられている）。このような事態を解決したものは、そうそうあるものではない。台湾のフォントメーカーであるダイナフォントや、大日本スクリーン製造のヒラギノ角ゴシックが中日でデザインを

【図1】地域によって異なる字形の標準の例（上・Noto Serif CJK、下・Noto Sans CJK）。右上から、日本・簡体字・繁体字（香港・台湾）・韓国の順。Noto Sans CJK 2.0 は香港・台湾の字体差に対応したが、Noto Serif CJK はまだである。これらの微細な差は非合理に映るが、かといって統一を強制される・できるようなものでもないのである。

一貫させたものを出しているが、もちろん有償であるほか、フォントの種類や用途が限られているうえ、そこまで大々的に展開されているわけでもない。Microsoft Windows にせよ、Mac OS X にせよ、一貫してデザインされた標準フォントというものは存在しないことを思えば、Google Noto Fonts の構想の壮大さは明らかである。

■無償であるだけではなく、オープンソースライセンスで公開

　それに対して、Noto Sans / Serif CJK は単に無償であるだけではなく、オープンソースライセンスで公開されているので、必要に応じて改変することもできる。本フォントで採用されているのは、オープンソースフォント向けの SIL Open Font License 1.1 であり、フォントの名称を変え、ほかの配布物の一部とすればどんな再利用もできるというものである。また、フォントが自由に使えるということにより、これらの地域に向けたサービスを展開していくうえで、大きな味方となるだろう。近時はウェブフォントとして、インストールせずにインターネットを通じてその都度フォントを供給することが一般化しつつあり、Google Noto Fonts でもそれが配慮されている。日本研究は、もとより日本だけにとどまるものではなく、多言語展開は欠かすべからざるものである。これまでは、フォントの準備が必ずしも容易ではなかったが、Noto Serif CJK の登場により、それがさらに容易になったものと思われる。

　現状の Noto Sans / Serif CJK は、古典籍の表現に必要な文字を必ずしも有するわけではなく（収録文字数は▶注 [9] にくわしい）、その点でまだまだ不足はあるかもしれないが、オープンソースの利点を生かして、

必要な文字のみを自家製することもできよう。さらなる展開が期待される。

▶注

[1] https://github.com/googlei18n/noto-cjk/blob/master/NEWS

[2]「源ノ明朝」

https://source.typekit.com/source-han-serif/jp/

[3] Noto: A CJK Font That is Complete, Beautiful and Right for Your Language and Region. *Google Developers Blog.*

https://developers.googleblog.com/2014/07/noto-cjk-font-that-is-complete.html

Adobe 版は Source Han Sans（源ノ角ゴシック）として出ている。この名前は、Noto Sans CJK が Google と Monotype の協同による Noto Sans ではなく、Adobe の Source Sans から来ていることに由来する。ちなみに、源とは Source の訳であって、ゲンと読むとのことである。Noto Serif CJK についても、同様に、Noto Serif ではなく、このためにあらたに開発された Source Serif が用いられている。

[4] An Open Source Font System for Everyone. *Google Developers Blog.*

https://developers.googleblog.com/2016/10/an-open-source-font-system-for-everyone.html

[5] このトウフマークとは、技術的には、フォントの .notdef グリフの標準的なデザインのことである。

Recommendations for OpenType Fonts

https://www.microsoft.com/typography/OTSPEC/recom.htm

.notdef グリフは、当該フォントに登録されていない文字を表示させようとしたときに代わりに出力されるグリフである。

[6] More than 800 Languages in a Single Typeface: Creating Noto for Google. *Monotype.*

http://www.monotype.com/resources/case-studies/more-than-800-languages-in-a-single-typeface-creating-noto-for-google/

[7] くわしいリストは管見に入らなかったが、有志がまとめたものがウィキペディア英語版に掲載されている。

Noto fonts. *Wikipedia.*

https://en.wikipedia.org/wiki/Noto_fonts

[8] デザインや開発過程については、Noto Sans CJK に関するものも参考になるだろう。たとえば、

「第 3 回タイプデザインコンペティション特別セミナー＆表彰式レポート：タイプデザイナーの視点（前半）「Pan CJK フォントの誕生」」『type.center』 http://type.center/articles/2465

「「源ノ角ゴシック」を実現させたアドビ西塚氏の勘と感覚 (1/5)」『ASCII.jp』

http://ascii.jp/elem/000/000/917/917366/

[9] Source Han Serif / Noto Serif CJK History & Development

https://blogs.adobe.com/CCJKType/2017/04/source-han-serif-history-development.html

[付記] Noto Sans CJK は 2018 年 11 月 20 日に 2.0 が、2019 年 4 月 10 日に 2.001 が発表された。2.0 の最大の変更点は香港字形への対応である。2.001 への対応は新元号対応であるが、Noto Serif CJK への対応は未定であるとのことである。

第 26 回 …2017.05

コンピューターを通して解釈するということ
―― *Hermeneutica: Computer-assisted interpretation in the Humanities* を読む

タグ☞ #研究方法　#デジタル人文学　#ビジュアライゼーション　#電子テキスト
　　　#プログラミング

■オンラインのテキスト読解・分析ツールで遊び、解釈を深める

　今回は、2016 年に刊行された Geoffrey Rockwell & Stéfan Sinclair. *Hermeneutica: Computer-Assisted Interpretation in the Humanities*（MIT Press, 2016）【図1】を読んだ感想とでもいうものをお伝えしたい（以下、R&S と称する）。筆者はこの方面に不案内であるため、書評とかいったことはできないし、日本のテキスト解釈学に置き換えて読む任にもあたらないだろうとは思うが、著者たちの論旨は明解で、デジタル人文学に取り組むひとにとってよい頭の整理になると思えたので、あえて筆を執った次第である。

　ここで書名にもなっている herme-neutica とは、古典ギリシア語の ἑρμηνευ-τικὴ τέχνη（直訳すると「解釈・翻訳の技術」）の借用で、解釈学を意味するラテン語である。テキストを中心にあらゆる行為に対する解釈についての学問の名として、現代でも欧米圏で広く用いられている▶注 [1]。R&S は、カナダの大学でデジ

【図1】Rockwell & Sinclair. *Hermeneutica*. ISBN: 9780262034357

人文学に取り組んできた著者たちのプロジェクトの一端として公にされたものであり、hermeneutica とカナダの国別コードトップレベルドメインをひっかけた hermeneuti.ca というウェブサイトが、R&S の出版も含めた、このプロジェクトの元締めとなっている。

　R&S の趣旨は実に明快である。人文学とはテキストを解釈する営為であり、その営為を、コンピューターの助けを借りながら、ネット上で共同作業のなかで展開する手法を提示するというものである。著者たちは、Voyant Tools ▶注 [2] などのオンラインのテキスト読解・分析ツールを構築し、その他の同種のツールを用いた分析の事例を具体的に示している。それゆえ、この本を読むだけでは著者たちの主張を十全に理解することはできず、これらのツールを利用して「データで遊んで」みることで著者たちの進もうとしている方向性を再体験することが可能となっている。Voyant などの可視化ツールで可視化された結果を解釈（ἑρμηνεύειν）していくことで（かれらはこれを「解釈学用おもちゃ hermeneutic toy」と呼んでいる）、あくまで人間が解釈を深めていくというのがかれらの根幹にある。

■既存の論文などでは得られなかった再体験性の高さを持つツール

　R&S の示す方法は、デカルトの『方法序説』的な「孤独」のなかで思考を深める方法に対置されるかたちで、可視化ツールを用いて共同で考えを深めていくことにある。このおもちゃによって、自分自身でコーパスやテキストの解釈を深めていくだけでなく、みんなで遊ぶことでその解釈をめぐる対話を深めることが可能となるということである。Voyant Tools では、コーパスのテキストの特徴を可視化する手段をいくつも実装しており、それによって常に全体を見渡しながらテキストの解釈を深めていくことができる ▶注 [3]。これにとどまらず、Voyant Tools では、その解析結果を見るリンクを共有したり、可視化したデータをブログに埋め込むなどの機能を提供している。それによって、既存の論文などでは得られなかった再体験性の高さが提供され

ている。これを著者たちは Web 2.0 的と称するが、商業的には使い古されたことばだとしても、その目指したところはこのようなところにあったのだと実感する。

　また、このような手法は、デジタル人文学研究において問題となる「人文学としての解釈が置き去りにされ、貴重な紙幅が頻度表やコード、技術的な細部によって埋められてしまう」ということに対する解決策としても示されている。筆者はそれが無為なことだとは思わないが、そのために解釈を論ずる紙幅がなくなっていくのはしばしば感じることである。著者たちは、それを解消すべくアジャイル解釈学なるものを提唱する。これは、ソフトウェア開発におけるアジャイル開発という技法にならったものだが、ここでは特に、プログラミングを行う者と、どのような内容を書くか考える者とを分離するペア・プログラミング環境で、試行錯誤を繰り返しつつ解釈を繰り広げることをいう。そして、コードよりもその結果をどう解釈するかに紙幅を費やすべきだと著者たちはいうのである。

■デジタルを基盤に孤独にではなく共同で研究を深める姿勢

　このような営為は、まさにオープン・サイエンス的な方向性と揆を一にするものではなかろうか。オープン・ヒューマニティーズには、ひとつには『人文情報学月報』69 号（https://www.dhii.jp/DHM/dhm69-1）の巻頭言で橋本雄太氏が述べたようなシティズン・ヒューマニティーズのような（すなわち、第 22 回の「みんなで翻刻」などのような）かたちがあり得ると思うが、解釈共同体としてのオープンさも同時に開かれてゆくべきなのであろう。そのためには、分析しやすい電子データやその開発手段の充実が求められるのだろうし、プレイン・テキストの処理技術への需要はしばらくなくならないのだろうなという感想も持った。

　いうまでもなく、これはもろ手を挙げて賛同するとかいった話ではない。オープンなプラットフォームで議論ができたのは、それができ

▶Web 2.0
T・オライリーが提唱した概念で、旧来的な提供者と利用者の関係が固定化されたような関係性を乗り越えて、ブログなど、サービスの利用者がコンテンツの提供者となるようなありかたを Web 2.0 であるとした。

▶アジャイル開発
Agile development の訳。大規模なシステムを作る際、設計図を綿密に準備して開発に取り組み、それが実現されているかの試験を厳重に行うスタイルでは、変化の激しい時代に飲み込まれるとして、小さな単位でサービスの開発・実用化を繰り返して大きくしていくことで、システム開発の効率化を図る試み。アジャイルとは身軽なこと。

る条件がそろっているからであり、R&S の方法論で明らかにできることもこれまで人文学で論じられてきたことからすれば相当に狭いという批判はありうるところである。そもそも、日本語学を専攻する筆者としては、人文学をテキスト解釈から考える R&S の立場を認めると、自らを人文学から追い出すこととなって素直に受け止められるものではないし、Voyant Tools は言語研究向きというわけでもないが、それでも、デジタルを基盤に、孤独からではなく協同から学芸を深めていこうとする R&S の姿勢からは、自らの研究やそれをめぐる環境について考えが整理されるところが多かった。英語も平易で読みやすく、また励まされる書として一読に値する書であろうと思う。

▶注

[1] Mantzavinos, C. Hermeneutics. Edward N. Zalta (ed.). *The Stanford Encyclopedia of Philosophy*. Winter 2016 Edition. 〈https://plato.stanford.edu/archives/win2016/entries/hermeneutics/〉

[2] Voyant Tools
https://voyant-tools.org/
なお、日本語版インターフェースが永崎研宣氏をはじめとした有志によって提供されている。

[3] Voyant Tools の使用方法に関するガイドとしては、永崎氏による「簡易テクスト分析に Voyant-Tools もいかがでしょうか？」『digitalnagasaki のブログ』
http://digitalnagasaki.hatenablog.com/entry/2016/07/30/040123
がある。デフォルトでワードクラウド、トレンド、統計的概要などの分析が示されるほか、問題にしたい語の本文表示機能、文脈表示機能なども有する。ダウンロードすることで、手元の環境でテストしたり、自前のサーバーに設置したりすることもできる。

第**27**回 …2017.06

そこに橋はあるか
──いまどきのデジタル日本学への入門を考える

タグ☞ #デジタル人文学　#研究方法　#量的　#データ共有　#データセット

■日本語学・日本文学専攻の情報処理入門を担当して

　2017年度から日本語学・日本文学専攻の学生たちに向けた情報処理入門という科目を担当させていただいている。まだまだはじめたばかりであり、見落としていた文献などをあとから見いだして反省するところしきりだったりもするのではあるが、それはそれとして博捜を終えていない段階の記録というものも（あとには忘れてしまうことなので）意味もあろうかと思い、半期のなかばを終えたところの感想を書いておきたい。

　筆者の環境についてまとめておこう。一般的な情報科目ではなく、文学部の一学科における選択講義である。概論という位置づけで、学生が1年生中心ということもあって、かれらが今後学んでいくであろう科目のことを思い出しながら、講義と実習を進めていくことになる。学生はほとんどコンピューターの裏側について考えたことがなく、また量的な観念にも触れたことがない（皆無ではない）。専門科目についてのくわしいことはそれぞれの講義に委ねるとしても、コンピューターに関する態度はそれぞれであろうから委ねきっていいわけではない。そして、国語国文育ちとはいっても、日本語学専攻の筆者に、日本文学までカバーした講義は能力を超えている。

■適切な教科書がないという問題

　筆者自身は、コンピューターを通じて研究する利点は、テキストという伝統的な研究対象に対する量的な操作をおいてないと考えるので、（1）研究対象としてのテクストという概念と、その偏在のありよう、（2）それを量的な操作に耐え得る形式に処理する技術を身に付けることが任を果たしたことになるのだろうと考えた。Word & Excel 講座にはしたくなかったというか、筆者が普段使うのは Mac OS X 上の LibreOffice などで、あまり Microsoft Office に通じていないので、そのような講義にする予定はなかったという事情もあった。一般的な情報処理講座と一線を画す意味でも、（1）のテキストという概念は導入が不可避だろうと思ったし、（2）の量的な把握は、一講義で達成できるかはともかく、研究のみならず現代社会においても多用されており、批判的に考えることを知るだけでも価値があろうと考えたのである。

　果たして、筆者がその任を果たすためにどのような内容を作り上げたかは、まだまだどう転ぶか分からない学期中であるので控えたい▶注 [1]。ここで取り上げるのは、いままでもなんとなく思ってきはしたがあらためて感じられた、適切な教科書がないという問題である。日本語学なら日本語学の教科書、情報処理なら情報処理の技術の教科書はあるが、両者をつなぐ接点がなかなか見いだせない。正確には、分析の実例を示した教科書は多々ある。しかしながら、そのようなものも技術が優先で、それが分かることがなんなのかを伝える役目を果たしていないように思えたのである。

■量的に筋道を立てるための教科書を

　日本文化に触れるための環境は日に日に整えられているが、日本語学を学びたい、しかもそれをデジタルでやっていきたいという学生に対して、これをするとよいというものはなかなかない。日本文化に触れるためには、本連載で紹介したところでは、橋本雄太氏のかかわっておられる諸プロジェクト（第 11、22 回）がまず念頭に思い浮かぶし、

▶LibreOffice
オープンソースの統合オフィス環境。OpenOffice.org の買収をめぐる問題からソースを活用して独立し、活発に開発が行われている。Microsoft Office より使いやすい部分も多々ある。

近時、国文学研究資料館と国立情報学研究所からすぐれた試みが続々と送り出されている▶注 [2]。また、コンピューターで言語学というと、コーパスというものがすぐに浮かぶ。コーパス言語学については、具体的に挙げないが、入門から発展的な環境が整えられつつあるといってよい。しかしながら、そういう自然言語処理的な、工学的なアプローチではないものに関して、論文はまだしも▶注 [3]、教科書が編まれるには、管見の限り、いたっていない。

　コーパスを用いた既存の文献学的なアプローチがまだ熟していないとか、そういう問題とはまた違うように思うのである。研究上の概念や理論を説明するような教科書であっても、最新の説を反映して積極的に通説をあらためていこうという態度の教科書もほとんど出ないという保守的な文化の影響は多分にあるのだろうが、ある学問において、量によって他者を説得する技法、あるいは感覚を、デジタルという道具立てで説明してくれるような教科書が必要なのではなかろうか。文献学では、統計学的検定に馴染まないようなことを、同時に量化して多く扱ってきた▶注 [4]。テキストを大量に読めばおのずから分かるといったことではなく、その量的な把握を文章化できなければ、デジタル日本学への橋渡しは難しくなる一方なのではないだろうか▶注 [5]。

　教科書を書くには、なにかと余裕がないのは確かである。しかし、余裕がないならば、余裕がないほど、筋道を立てる必要もあろうと思い、本連載の自由さに甘えて、いささか愚考をめぐらしたところである▶[付記]。

▶注
[1] 概略だけ記せば、前期はテキスト作成・情報抽出・分析の 3 段階を駆け上がっていくもので、自分でテキストを作りつつ取り組んでいる。後期は、淺尾仁彦・李在鎬『言語研究のためのプログラミング入門：Python を活用したテキスト処理』（開拓社、2013）を用いて Python 3 の操作を学び、前期の課程からさらに発展した処理ができるようになることを、現時点では、目指している。
[2] 最近のものとして、次の研究が挙げられるだろう。
　「スケッチや画像から古典籍画像を検索できる最新 AI システムを開発／国立情

報学研究所と国文学研究資料館による共同研究」『国立情報学研究所』
http://www.nii.ac.jp/news/release/2017/0608.html

[3] たとえば、近藤泰弘・田中牧郎・小木曽智信（編）『コーパスと日本語史研究』
（ひつじ書房、2015）。

[4] ついでにいえば、このような統計学的検定に馴染まないような研究手法と、統
計学的手法を駆使した研究の接点もまたまだまだ弱く、自分がいままでやってき
たような論法を統計学の入門書に求めて途方に暮れるといった経験をした人文
学者は数知れないのではなかろうか。

[5] 筆者の管見の範囲では、伊藤雅光『計量言語学入門』（大修館書店、2002）は、
コーパス言語学よりも個々のテキスト寄りで、親しみやすかったが、技法が主
だったように思う。佐竹秀雄氏による書評も参照のこと（http://db3.ninjal.ac.jp/
SJL/view.php?h_id=2141391440）。

［付記］後期における取り組みは第33回に触れた。

第28回 …2017.07

郷土資料と驚異の部屋
――船橋市西図書館「デジタルミュージアム」から考える

タグ☞ #地域資料 #文化資源 #情報発信 #電子化 #船橋市西図書館 #TRC-ADEAC

■好奇の目と博物館

　池澤夏樹『見えない博物館』（平凡社、2001）ではなかっただろうか、「驚異の部屋」を知ったのは。「驚異の部屋」（英：Cabinet of Curiosities, 独：Wunderkammer）とは、西洋の拡張期に対外的な版図の拡大に伴って手に入れた珍しいものを誇るために、王侯貴族からブルジョアまで競って作ったコレクションルームのことである。物珍しさが勝ったそれは、結果的に博物学を発展させ、後世には「民族学博物館」となったりもする。ライデンにある世界初だというオランダ王立民族学博物館は、オランダ王室の「驚異の部屋」の中身を直接的に受け継ぐが、その成立の経緯には、シーボルトが自身の将来した日本関係コレクションの処遇をめぐり、好奇の目を脱して「科学的な処置」を目指したという一幕が存する。池澤の文章は、そんな「驚異の部屋」のひとつを訪ね、その雑多さと、もし名前を付けるのだとすればオリエンタリズムともなるだろう視線の問題を考えていたものだったと覚えている。

　自分自身行ったことがあるという身内びいきのようなものではあるが、今回取り上げるのは、船橋市西図書館が2017年7月7日にオープンさせた「デジタルミュージアム」【図1】をめぐってである▶注 [1]。船橋市西図書館は、船橋市の中心的な図書館であり、船橋市の神社仏閣や旧家に伝わる資料の寄贈も受けて貴重な資料も所有している。このデジタルミュージアムでは、船橋市西図書館の所蔵する郷土資料の

【図1】船橋市西図書館　船橋市デジタルミュージアム
https://trc-adeac.trc.co.jp/WJ11C0/WJJS02U/1220415100

ほか、郷土資料館の所蔵する船橋市内の古写真や絵葉書、また船橋市にゆかりのある洋画家椿貞雄（1896～1957）の絵画のデジタル画像が公開されている。郷土資料館の資料は、大半が旧船橋町関係で、旧二宮町のものも散見し、それ以外の旧町村は数点ずつのようである。椿貞雄の絵画画像はなかなかの高精細であるが、ダウンロードはできない。船橋市西図書館の資料は、現状、浮世絵 476 点（名所絵 157 点、名場面 154 点、姿絵 165 点）、地図 130 点、絵画 95 点、絵葉書 48 点、古文書 51 点、その他 83 点とのことである。古文書とされるもののうち、『墨蹟遺考』（目下亭青高、1831 序▶注 [2]）については、翻刻文を重ね合わせて、また翻刻だけでも読むことができるように工夫されている。浮世絵は広く所蔵するものをデジタル化したように思われるが、その他のものについては、船橋市あるいは下総という文脈から分かりやすいものが選ばれているようである。ほかにも貴重なものがあるはずだが、それらについては目録も含めてウェブ上で発信されたものはない（出版はされている）。

■「驚異の部屋」の問題点とはなにか

「驚異の部屋」の問題点は、端的にいえば、その品がもとあったとこ

ろから切り離されてしまっていること、そして、好奇の目を満足させる選び方をしてしまうことの2点にある。船橋市西図書館にある資料は、郷土資料と一見見えなくても、船橋というフィルターを通して現代に伝わるものがほとんどであろう。書庫にある「ふつうの古典籍」と、いわゆる郷土資料は、べつに無関係ではなく、等しく郷土資料なのだという視点がなければ、昔のものを学ぶことは難しく、ただ昔のものを見て喜ぶことになってしまう。船橋市西図書館には宋版すらあるが、そのような文事の伝統はこのデジタルミュージアムからまったくうかがい知ることができない。そのような文物を伝えられるような土地柄であったからこそ、分かりやすい郷土資料も豊かに作られたのであるのに。

　もちろん、「ふつうの古典籍」として珍しいものがないのは、船橋市に有力な大名がいたわけでも、著名な収蔵家があったわけでもなかったことを踏まえれば不思議ではなく、わざわざ見せるに及ばないと考えたのかもしれない。しかし、ほかの地域資料についても、なぜこのような資料が残されたのかという観点を満足させてくれる説明はない。一般論として、資料そのものをいきなり提出されても途方にくれるばかりで、意図せずとも「驚異の部屋」になってしまいがちである。いくら出版というかたちで文脈を作ってきていたとしても（先ほどの『墨蹟遺考』も、「船橋市西図書館所蔵史料集」の一環として出版されたものに基づくようだ）、ウェブにはウェブの世界があり、ウェブで見られなければ十分とはいいがたい。その点で配慮が足りなかったのではないかと思量する。

■「驚異の部屋」ができてしまうことと研究者

　船橋市西図書館は、郷土資料寄贈の依頼として、「「郷土資料」＝地域の歴史を証明する資料であり、また、地域住民が自分の住むところについて知り、学び、地域に生かすために必要不可欠な資料であると、私たちは考えています」と書く▶注 [3]。大変すぐれた志であると思う。

しかし、それを展示する先が「驚異の部屋」であっては、その志が伝わるかどうか、危ういように思われてならない。

　翻って日本学という立場で見れば、このような「驚異の部屋」ができてしまうということは、そのような地域に根ざす文事を地域が、あるいは公共団体が受け止める手助けをしきれていないということを意味しよう。地域連携ということばがうんざりするほどに取り沙汰され、すでになすことはなしたかのように思えても、実際にはなし遂げられていることは多くはないのかと不安にさせられる。個別の問題があるのかもしれないが、デジタルミュージアムレスキューというのも、あるいは必要になってくるのだろうと感じさせた。

▶注

[1]「船橋市西図書館　「デジタルミュージアム」きょう開設」『東京新聞』

　http://www.tokyo-np.co.jp/article/chiba/list/201707/CK2017070702000172.html

　「船橋市デジタルミュージアムが開館しました！」『船橋市』

　http://www.city.funabashi.lg.jp/event/exhibition/p054295.html

[2]「墨蹟遺考」

　http://dbrec.nijl.ac.jp/KTG_W_4380728

　日本古典籍総合目録データベースによれば、船橋市西図書館蔵本のみが伝わるものらしい。身辺の風俗の考証と、国学に影響されたらしい言語文化への考証がないまぜになった書である。

[3]「西図書館　郷土資料室」『船橋市図書館』

　https://www.lib.city.funabashi.chiba.jp/tokyobay.html

第29回 …2017.08

論文の投稿版をネット公開できるサービス
――その歴史と文化、強みを考える

タグ☞ #研究資源　#データ共有　#データセット　#品質保証　#arXiv

■論文の投稿版（プレプリント）をネット公開できるサービス

　日本学というわけではないが、アメリカ化学会（ACS）が2017年8月14日に論文の投稿版（プレプリント）をネット公開できるサービスの試験を開始したとのことである【図1】▶注[1]。ChemRxiv（ケムアーカイブと読む）というそれは、明らかに、arXiv（アーカイブ）というプレプリント共有サービスで最も著名なものを意識したものである（直接的には、2013年に始動したbioRxivという生物学におけるそれを踏まえたのであろう）▶注[2]。ACSを中心にイギリス王立化学会、ドイツ化学会等の助力を得、Digital Science社の科学データ共有サービスFigshareの基盤を利用して設置された。ChemRxivは、OAI-PMHというデータ・リポジトリ用のメタデータ検索プロトコルに対応したり、CrossRef

【図1】ChemRxiv data repository
https://chemrxiv.org/

▶CrossRef
文献の引用先・引用元といった情報を相互に結びつけるためのサービスのひとつ。国際DOI財団の公式のDOI登録サービスのひとつでもある。

との連携機能があったりするなど、多様な機能が用意されている。また、プレプリントに対するDOIを付与できることで、ChemRxivに投稿された段階から引用しやすくなるという。

■プレプリント共有サービスの歴史

プレプリント共有サービスのはしりであるarXivの歴史は1991年までさかのぼるという。Webがはじまるのとほぼ同時期である。arXivは、物理や数学などの論文を査読誌に投稿したあと、あるいは査読を経て受理されたあとなどに、いわば速報版を共有するために設置されたもので、いまでは130万もの論文がアップロードされる。従って、査読に通る前であれば、その論文が実際に掲載されるかは分からないし、査読や編集を経ていないため品質保証としても十分ではない。それでも、新しい成果をいち早く共有したいという善意の輪によって普及したものである（競争という意味もいまではあるのだろう）。現在ではコーネル大学図書館が運営しているが、もともとはポール・ギンスパーグという物理学者が開設したものである。一般の利用者からは料金を徴収しておらず、維持費はコーネル大とシモンズ財団、及び利用者の多い機関が負担している（日本では東大・京大などが負担の多い機関である）。

いわゆる文系でいえば、いずれも英語が基盤であるが、LingBuzz▶注[3]という言語学系のサービスがあり、心理学ではPsyArXiv▶注[4]というサービスがある。Academia.eduやResearchGate、Researchmapなどの研究者向けSNSでもプレプリントを公開することはできるだろうが、専門のサービスと異なってメタデータを十分に付与し、かつ他者がそれを利用することがしにくいという欠点がある。先ほど挙げたようなFigshareなどといった論文データ共有は、少し毛色が違ってプレプリントを公開するにはそこまで適切でないだろう。

■学界の慣行から考える

プレプリント共有サービスをめぐっては、学界の慣行も大きく影響

する。arXiv が誕生した物理学の分野では、ギンスパーグの試みに先立って、ジョアンヌ・コーンという物理学者がメールで論文やプレプリントを回覧していたというような文化があった。アメリカの言語学においても、いいかどうかはべつのこととして、最適性理論という生成文法系のある有力な理論の主要な著作が草稿のまま多くの論文に引用され、実際に刊行されたのは評価も一通り定まったあとだったというようなことが思い出される。それに対して、日本学のすべてを知るはずもないけれど、ほとんどの分野でプレプリントすら多くの雑誌に規定される「未公刊」用件に抵触するか、あるいはどうなるかはっきりさせていないのではないか。博士論文のリポジトリ登録をめぐって議論があったのは記憶に新しい。これは、雑誌というより出版への影響を懸念してのことが多いように感ずるが、とはいえ、雑誌論文として投稿するにあたって、まったく認めないわけではないにしても、なんらかの改訂を陰に陽に求めることも少なくないのではないか。この点、bioRxiv では、学術誌が自ら投稿規定にプレプリントの共有は刊行ではないと明記するようになったという▶注 [5]。また、PsyArXiv では、学術誌のプレプリントに対する対応を一覧にしている▶注 [6]。今回の ChemRxiv のようにサービスの内容にお金をかける必要があるかどうかはべつとしても、曖昧な体制を見直したり、情報を集約したりなどといった事柄は、プレプリント共有の成否にかかわるだろう。

■情報を共有できる文化

　プレプリント共有に特化したサービスの利点としては、Google Scholar などの論文情報検索サービスがチェックしてくれるので論文を読んでもらいやすくなるというのもさりながら（しかも無料である）、ここをチェックしておけばいいという分かりやすさがいいのだろう。その論文がどこに投稿・公刊されようと、arXiv にいけばあるという安心感である。論文を読む時間は日に日に奪われるばかりだろうが、さりとて読まないわけにはいかない（はずである）。そういうとき、情報を

共有できる文化は限られた資源を有効に使ううえで強みとなっていくのではなかろうか。

▶注

[1]「化学分野のプレプリントサーバー"ChemRxiv"のベータ版が公開」『カレントアウェアネス』

　　http://current.ndl.go.jp/node/34512

　　ChemRxiv™ Beta Open for Submissions and Powered by Figshare. *American Chemical Society.*

　　https://www.acs.org/content/acs/en/pressroom/newsreleases/2017/august/chemrxiv-beta-open-for-submissions-and-powered-by-figshare.html

[2] *arXiv.org e-Print Archive*

　　https://arxiv.org/

[3] *lingbuzz - Archive of Linguistics Articles*

　　http://ling.auf.net/lingbuzz

[4] *PsyArXiv Preprints*

　　https://osf.io/preprints/psyarxiv

[5] BioRxiv at 1 Year: A Promising Start. *Science - AAAS.*

　　http://www.sciencemag.org/news/2014/11/biorxiv-1-year-promising-start

[6] PsyArXiv Frequently Asked Questions（*PsyArXiv Blog.*〈http://blog.psyarxiv.com/2016/09/19/psyarxiv-faq/〉）中、特に'How do journals deal with preprints?'

[付記] 2019 年 7 月の段階で、arXiv には 150 万超の論文が投稿されている。ChemRxiv は、2,000 投稿ほどを数えてまずまず順調そうである。

第30回 …2017.09

伝統ある電子図書館の新体制への移行
── 京都大学電子図書館貴重資料画像データベース

タグ☞ #文化資源 　#継続性 　#オープン・データ 　#電子化 　#IIIF 　#京都大学図書館機構

■ 1996年の今昔物語集に関する展覧会からスタートしたもの

　2017年9月8日、京都大学図書館機構は京都大学貴重資料デジタルアーカイブ（以下、京大貴重資料アーカイブ）を試験公開し【図1】▶注 [1]、同機構が提供する京都大学電子図書館貴重資料画像データベース▶注 [2]（以下、京大貴重資料データベース）から順次移行していくことを発表した。

　京大貴重資料データベースは、京都大学附属図書館の電子図書館が試験段階であった1996年の今昔物語集に関する展覧会のために用意されたものから大きくなっていったもので▶注 [3]、設置場所を変えつつ20年来やってきたものが、初めて大幅に手を加えられることになる。今回の移行では、画像アーカイブのウェブ公開規格で

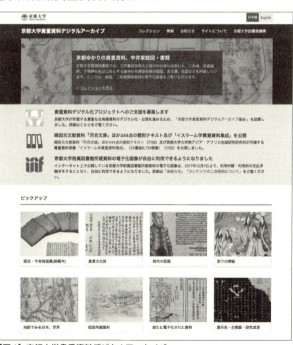

【図1】京都大学貴重資料デジタルアーカイブ
https://rmda.kulib.kyoto-u.ac.jp/

ある IIIF（International Image Interoperability Framework）への対応が目玉とされており、IIIF マニフェストを利用することで利用者の閲覧手段が広がるほか、サイト側ビューワーも Mirador と Universal Viewer のふたつが用意されており、利用者における閲覧環境の改善ということがテーマなのだと思われる。

■大型コレクションで顕著なサブコレクションの提示分類

京大貴重資料アーカイブで公開されているものはまだ 1,500 タイトルほどと、7,000 点をデジタル化している京大貴重資料データベースに比べれば小規模であり▶注 [4]、また使い勝手も今後手を加えられていくものと思うが、現段階として思うことは、コレクションごとに閲覧できないケースが多々あり、サブコレクションまで開かないとならないのは不便なことが多いということである。たとえば、「維新特別資料文庫」▶注 [5] というコレクションは、サブコレクションは「書簡等」・「軸物等」・「写真」等、資料種別に分かれており、よくあるもののようにも思うが、たとえばこの文庫のなかの吉田松陰関係資料がなにかというと、検索画面に移ってコレクション名とキーワードを併用するといったことになりそうである。ファセット検索が望ましいといいたいわけではないが、サブコレクションで分けすぎるのも考えものである。これは、資料の読みで機械的にサブコレクションに分けられている大型コレクションで顕著で、たとえば「一般貴重書（和）」▶注 [6] などは調べているものがよほど分かり切っていなければひとつふたつ開いてあきらめてしまう。提供側の体制は利用者にとって無関係であり得るので、本格的な提供に入る前に検討していただけたらとも思う（利用者としては、件数が多すぎるように思えるのは、システム上どうにもならないなどといったことを除いて、気にしないでほしいと思う）。

> ▶ファセット検索
> ファセットとはもと宝石などの切子面（きりこめん）の意で、大ざっぱな検索語を与えて、年代や種別などさまざまな条件から次第に目的のものへと絞り込んでいく検索手法を言う。

■画像の再利用規定

京大貴重資料データベースの出だしとなった「今昔物語集」鈴鹿本

には、当初より活字本文が提供されている（▶注 [3]、山田・忽那論文参照）。そこで提供されていた活字本文は京大貴重資料アーカイブでも引き継がれるとのことである▶注 [7]。新アーカイブでの本文提供の様態には問題も指摘されており▶注 [8]、既存の規格に合わせるうえでの難しさを感じさせるが、このほかにもデータベース時代にあった複数の本文閲覧方法は現時点で対応できていないなどといった点も課題としてあろうと思われる。望外のことではあろうが、外部にある活字本文をこの画面に取り込むことができたらなどとも思う。

　試験中ということもあって再利用の規程は従前の通り制約の多いものとなっているが▶注 [9]、規程のページには「【京都大学附属図書館では、画像利用促進のため、コンテンツ二次利用の条件を見直しているところです】」と大書され、なんらかの自由なライセンスの適用が期待される▶[付記]。京大貴重資料データベースの 2000 年当時の現状を伝える▶注 [10] において、「公開中の詳細画像データにおける商用的利用防止策」が検討されているのとは、隔日の感を覚える。図書館そのものも、電子図書館にも伝統があるゆえに移行は容易ではないと思うが、豊富なコレクションはわざわざ言挙げするまでもないほどである。これからは、カルガリー大学の楊氏の言を借りれば、「研究者たちが本領を見せる順番になる」▶注 [11] ものと思われる。

▶注

[1]「京都大学貴重資料デジタルアーカイブを試験公開しました」『京都大学図書館機構』

　http://www.kulib.kyoto-u.ac.jp/bulletin/1375887

[2]『京都大学電子図書館 貴重資料画像』

　http://edb.kulib.kyoto-u.ac.jp/exhibit/index.html

[3] 山田周治・忽那一代「京都大学附属図書館所蔵貴重資料画像データベースの作成と公開について」『大学図書館研究』53、1998〈http://edb.kulib.kyoto-u.ac.jp/exhibit/gtest/report.htm〉

　磯谷峰夫「京都大学電子図書館システムの現状」『情報管理』43.10、2000〈doi:10.1241/johokanri.43.926〉

　なお、電子図書館システムの閲歴を見ていると、百年史や元館長の手になる

「樋口一葉小説集」なる試みがあったことが分かるが、これらは 2012 年で廃止されている。

「『京都大学電子図書館 電子化テキスト』の提供を終了します」『京都大学図書館機構』

http://www.kulib.kyoto-u.ac.jp/bulletin/11079

一応 Internet Archive を通じて過去の様子をうかがい知ることはできる。

http://web.archive.org/web/*/http://ddb.libnet.kulib.kyoto-u.ac.jp/txtindex.html

　これを見ると、百年史は構造化テキストで公開されていたようである。上記の廃止案内で代わりに提供されたものは透明テキスト付き PDF であるが、このようなフォーマットの簡素化はなんとも考えさせるところではある。なお贅言を付け加えれば、ここで交渉中とされる「樋口一葉小説集」は、青空文庫に無事引き取られたようである。これもまた、時代の変化を如実に物語るものといえよう。

[4]「京都大学貴重資料デジタルアーカイブについて」(『京都大学貴重資料デジタルアーカイブ』〈https://rmda.kulib.kyoto-u.ac.jp/about〉) には、「これまでに電子化した資料は約 7,000 タイトル(平成 28 年度末現在)に及び、国内でも有数の規模を誇ります」とある。

[5] https://rmda.kulib.kyoto-u.ac.jp/collection/ishin

[6] https://rmda.kulib.kyoto-u.ac.jp/collection/ippan-wa

[7]「国宝 - 今昔物語集(鈴鹿本)」『京都大学貴重資料デジタルアーカイブ』

https://rmda.kulib.kyoto-u.ac.jp/classification/pickup-nt

[8] https://twitter.com/_masaka/status/906747375015804928

[9]「コンテンツの二次利用について」『京都大学貴重資料デジタルアーカイブ』

https://rmda.kulib.kyoto-u.ac.jp/reuse

[10] 朝妻三代治「「京都大学電子図書館システム」の現状」『薬学図書館』45、2000、p. 220〈doi:10.11291/jpla1956.45.218〉

[11]「京都大学デジタルアーカイブ」『絵巻三昧』

http://emaki-japan.blogspot.jp/2017/09/blog-post_9.html

[付記] 2017 年 12 月 1 日に正式公開され、同時に附属図書館所蔵資料ついて利用制限が撤廃された。また、2018 年 12 月 12 日の公開によって公開点数が 100 万件を超えたことが公表された。

　2018 年 9 月にはじめられた、慶應義塾大学図書館と共同プロジェクトの富士川文庫のバーチャルコレクションについては、第 44 回参照。

第31回 …2017.10

自由をうたって20年、そしてさらに未来へ
—— 青空文庫20周年記念シンポジウム印象記

タグ☞ #日本文学　#継続性　#電子化　#オープン・データ　#シチズン・サイエンス　#青空文庫

■日本語近代文学の一大リポジトリ

　2017年7月7日に青空文庫が開始20周年を迎えたことを記念して、2017年10月14日に、本の未来基金と青空文庫の主催によって「青空文庫20周年記念シンポジウム「青空文庫の今とこれから」」が開かれた▶注[1]（当日の雰囲気は▶注[2]にくわしい）。今回は、その印象記としたい。

　青空文庫は、いわずと知れた日本語近代文学の一大リポジトリである▶注[3]【図1】。しかしながら、1997年に開始したときは、わずかに5点を数えるばかりであったという。当初の呼びかけ人のひとりであった八巻美恵氏は、冒頭に行われた大久保ゆう氏との対談で、

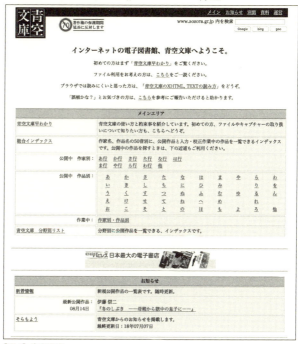

【図1】青空文庫
https://www.aozora.gr.jp

「いまの姿にもっとも驚いているのは自分である」とのよし語っていたが、さぞあっという間であったことであろうと思う。それからの20年は大久保ゆう氏による▶注[4]にくわしい。

■「無料ということが大事なのではなく、共有する自由」があるのだ

シンポジウムは、青空文庫の20年を振り返る第1部、多分野からの活用が語られた第2部、著作権と青空文庫の今後が再確認された第3部とに大分される。

第1部では、まず八巻氏と大久保氏の対談があったほか、八巻・大久保対談でも司会として入っていた富田晶子氏と大久保氏により青空文庫の入力・点検・校正の実際を実演するチュートリアルセッションが行われた。八巻氏は、そのなかで、当初は、設立宣言である▶注[5]にもあるように、ボイジャー社のフォーマットである「エキスパンドブック」に載せたい素材として自発的に作りはじめたものが、さらなるボランティアを招き、閉じた体制を取らずに開いたままであり続けたことがここまで続いた理由であろうと語った。大久保氏は、青空文庫が長年取ってきた著作権保護期間延長反対運動について語りつつ、そこには「無料ということが大事なのではなく、共有する自由」があるのだと述べた。また、青空文庫の品質を保つ仕組みである入力・点検・校正という過程では、どうしても入力にひとが集まりがちで、校正と、特に点検はなかなか人手が増えないのだという。▶注[6]に一覧される通り、入力を終えて、点検・校正を待つ資料はかなりの数に上る。たとえば、宮本百合子については、1,000作品以上が10年以上前に入力されて点検・校正を待っており、非公開のままであるという。それを担う工作員の作業の実際を伝えるべく、大久保氏が入力と校正、富田氏が点検作業の実際を実演して見せた。多くの人文系研究者は、一度くらい自分のテキストを作ったことがあると思うが、それをコンピューターで使うということを意識して打ち込むことはあまりないのではなかろうか。青空文庫では、入力に際して厳密なルールを設定し

▶ボイジャー社
米ボイジャー社が開発したエキスパンドブックExpanded Bookという電子書籍フォーマットの日本での普及のために設立された会社。ボイジャー社はもとはマルチメディア出版社だが、いまは日本ボイジャーのみが残り、現在も電子媒体を中心に出版事業及び出版支援を行っている。https://www.voyager.co.jp/

ており▶注 [7]、限られたグループによる点検作業でそれに合わせる作業をかなり行ったうえで、文字校正をさらに多くのボランティアに依頼するという体制を取ることで成立しているのだそうである。点検・校正作業そのものは、それじたい珍しい作業ではないと思うが、見慣れないひとからは驚嘆の声が上がっていたのが印象に残る。それは点検・校正という作業の実際への驚きでありつつ、また、それをボランティアとして続けていることへの驚きであっただろう。

■「式年遷宮アーキテクチャ」

　第 2 部の活用に関して、ひとつひとつを紹介するのは避けるが、すでにあるものを活用したところからさらに広がるのだということである。それが広がるには、もちろん、時宜やコンテンツそのものの力にあずかるところ大きく、そうそう活用される機会に恵まれるものではないとはいえ、文学はただひとり文字を追って読むだけのものという蒙を幾度となく啓かれる。エンジニアからの発表が多かったのもおもしろかった。具体的には、2016 年に行われた青空 hackathon を機縁に、エンジニアがかかわるようになったそうである▶注 [8]。青空文庫は、98 年ごろに確立した作業スキーマ・ルールを大枠維持している。それはサーバーやソフトウェアも同じで、ソフトウェア・エンジニアの高橋征義氏が「式年遷宮アーキテクチャ」と題して▶注 [9]、自分たちの次の次の世代にも青空文庫とそれを支える技術が継承されるためにも、式年遷宮のように動くものも作り直す必要があると述べていたのが印象的であった（動くように作り直すのは大変で、だからこそ難しいのだが、だからこそ大事なのである）。

■青空文庫というコミュニティーとエコシステム

　最後に第 3 部では、福井健策氏が著作権の今後の動向と著作権保護期間が延長されたばあいの問題点を手短に解説したうえで、大久保氏と富田氏から 20 年を迎えてのあらためての宣言文が述べられた。これ

はいまだにウェブに公開されていないようだが（されないのだろうか？）、呼びかけ人のひとりであった故・富田倫生氏が芥川龍之介の「後世」という作品を読み上げるのを引きつつ、これからも青空を曇らせないようにと、ひとつは著作権保護期間延長問題へのあらためての反対を示し、もうひとつには、青空文庫を青空文庫の工作員だけでなく読み手やあるいはデータを利用するひとびとまで含めたコミュニティーであると示しつつ、そのエコシステムが健全であるようにとさらなる参加を呼びかけ、自己変革の決意を示したもので、それをもって会が終えられた。

　いまの時代は自由な時代だというが、いつの時代であっても、自由を本当にうたうことは難しいことだろう。それだからこそ、自由人たる学芸があって、それを不断に学ぶ必要がありもするのである。そんななか、青空文庫が自由をうたって 20 年、そしてさらに未来へと向かっていくのは、実に尊敬に値し、また、支えるべきものであることを再確認したシンポジウムだったのではなかろうか▶[付記]。

▶注

[1]「青空文庫 20 周年記念シンポジウム「青空文庫の今とこれから」」『Peatix』
　　http://aozorabunko20th.peatix.com/
[2]「青空文庫 20 周年記念シンポジウム「青空文庫の今とこれから」#aozora20th」
　　『Togetter』
　　https://togetter.com/li/1160941
[3]「青空文庫」Aozora Bunko
　　http://www.aozora.gr.jp/index.html
[4] 大久保ゆう「青空文庫から .txt ファイルの未来へ：パブリックドメインと電子
　　テキストの 20 年」『情報管理』59、2017〈doi:10.1241/johokanri.59.829〉
[5] 青空文庫（編）「青空文庫の提案」
　　http://www.aozora.gr.jp/cards/001790/card56572.html
[6]「青空文庫校正待ち作品検索」
　　http://eunheui.sakura.ne.jp/aozora/koseimachi.html
[7] このルールは、視覚障碍者読書支援協会の原文入力ルールを下敷きにくわしく
　　していったものであるとのことである。形式化の由来としてなるほどと思わされ
　　る。残念ながら、時代の流れで、協会の現行のウェブサイトを見つけられなかっ

た。

[8] aozorahack. *GitHub*

https://github.com/aozorahack/aozorahack

[9]「青空文庫と式年遷宮アーキテクチャ：青空文庫 200 周年に向けて」

https://www.slideshare.net/takahashim/aozora20th-2017

［付記］その後、著作権保護期間の延長のそもそものきっかけであったアメリカ合衆国の環太平洋パートナーシップ協定離脱に伴う協議の結果、保護期間延長が不要になったにもかかわらず、政府は批判を黙殺するかたちで著作権存続期間を 70 年に延長してしまった。しかも、2018 年 12 月 31 日施行ということで、2019 年 1 月 1 日で切れるはずであった 1968 年死去著作者あるいは製作の著作物まで延長となった。その副作用を緩和するための著作権者の不明となった孤児著作物に関する規定の見直しなどの対応は一向に進んでいない。

第 **32** 回 …2017.11

Curation API の未来と、IIIF
―― 人文学オープンデータ共同利用センターのふたつのデータセット

タグ☞ #IIIF　#デジタル・キュレーション　#データセット　#日本美術　#西洋美術
#人文学オープンデータ共同利用センター

■画像選択コレクションの API 化

　旧聞に属することではあるが、2017 年 7 月 25 日に情報システム研究機構データサイエンス共同利用基盤施設人文学オープンデータ共同利用センター（CODH）から「日本古典籍キュレーション」【図1】、また同年 10 月 11 日に「IIIF グローバルキュレーション」【図2】というふたつのデータセット群がリリースされた。同センターで IIIF（International Image Interoperability Framework）を拡張した Curation API を基盤とし▶注[1]、同センターの特任研究員、鈴木親彦氏らが画像を選択・構成し、解説を付したものである。「日本古典籍キュレーション」は国文学研究資料館所蔵・CODH 提供の「日本古典籍データセット」▶注[2]から選ばれており、「IIIF グローバルキュレーション」では、「日本古典籍データセット」に加えて、各所の IIIF で公開された利用

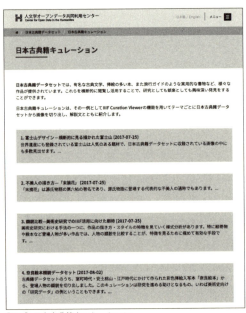

【図1】日本古典籍キュレーション
http://codh.rois.ac.jp/pmjt/curation/

制限の課せられていない画像から選ばれている。

　IIIFについては、第30回において触れたが、あくまで画像アーカイブを展開していく際の処方のひとつであって、それだけですべての用途を満たし得る特効薬ではない。現状のIIIFが対象外としていることは多々あり、CODHがIIIFの拡張によってその重要な一部がカバーされるものとして注目したのが、画像選択コレクションのAPI化である▶注[3]。それがCuration APIであり、既存のIIIFのAPIを基盤として、あくまで資料単位で提供される現状のIIIF資料について、資料を超えた利用を容易にするような仕組みになっている。

　それがAPI設計にとどまるだけでなく、参照実装及び実用例として提供されているのが、IIIF Curation Viewerであり▶注[4]、ふたつのキュレーションということになる。Curation Viewerを使って開発されたのがこのふたつのキュレーションということで、密接なかかわりにあるが、紙幅の関係上データセット群にはなしを絞りたい。

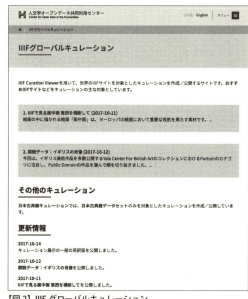

【図2】IIIFグローバルキュレーション
http://codh.rois.ac.jp/curation/index.html

▶Curation API
人文学オープンデータ共同利用センターの開発したIIIFの独自APIで、簡単にいえば、複数の公開されているIIIF画像上の特定の部分をデータとしてまとめて保持しておくためのデータ交換形式。
http://codh.rois.ac.jp/iiif/curation/

■「日本古典籍データセット」をIIIF Curation Viewerの機能を用いて画像を切り出し、解説文とともに紹介する「日本古典籍キュレーション」

　「日本古典籍キュレーション」は、現在、「富士山デザイン——横断的に見る描かれた富士山」、「不美人の描き方——「末摘花」」、「顔貌比較——美術史研究でのIIIF活用に向けた期待」、「奈良絵本顔貌データセット」がある。「日本古典籍データセット」（国文学研究資料館ほか所蔵）がIIIFでも提供されていることを使って、データセット内の図像

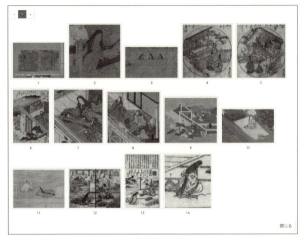
【図3】「不美人の描き方──「末摘花」」ピックアップサムネイル一覧

から興味深いテーマを切り取って見せ、美術史上の価値を説明して見せたものである。たとえば、「不美人の描き方──「末摘花」」【図3】では、『源氏物語』内の人物である末摘花に関する性格描写とその絵巻や挿絵等における描かれ方の差を取り上げ、描写において比べどころとなるところを手短に示している。

■世界のIIIFサイトを対象としたキュレーションを作成／公開する「IIIFグローバルキュレーション」

「IIIFグローバルキュレーション」は、現在、「IIIFで見る画中画：東西を横断して」、「顔貌データ：イギリスの肖像」の2種が公開されている。IIIFでは、マニフェストと呼ばれるメタデータを用いて表示すべき画像資料を共通の形式で記述することで、"Interoperability"（互換性）の部分を実現しているが、これは、IIIF Curation Viewerがver. 1.3になって、その読み込みに対応したことに伴い実現したものである。それまではサーバーで設定したサイト、実質的には「日本古典籍データセット」しか閲覧できず、したがってサイトを越えたキュレーションもできなかったのだが、外部マニフェスト対応によってそれが克服されたわけである。「IIIFで見る画中画：東西を横断して」では、イェール大学イギリス美術センター、World Digital Library 及び「日本古典籍データセット」の画像が比較でき、また、「顔貌データ：イギリスの肖像」【図4】では、イェール大学イギリス美術センターの肖像画を世紀単位で切り取るという試みがなされている。

■ Curation APIの未来と、IIIFの世界に入っていないコンテンツ

　Curation APIは、現状IIFの一部とはなっていないため、先行きは必ずしも明らかではないが▶[付記]、もしIIIFの一部になったり、併存していけるのであれば、利用価値は少なくない。ひとつには、キュレーション・マニフェストはそのままデータセットとして扱えるので、情報交換フォーマットとして便利であり、また、

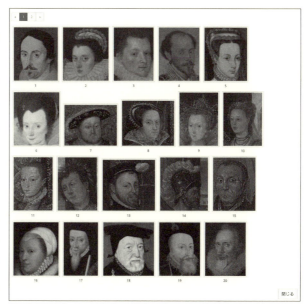

【図4】「顔貌データ：イギリスの肖像」ピックアップ サムネイル一覧

切り抜いた画像の出所が不明になるといったことも避けやすい。そして、ソフトウェアで扱いやすいかたちであるということは、データストアが活用しやすいかたちでできるということである。

　そうなってくると、IIIFと利用可能性の問題はますます大きくなり、キュレーションができないのであればIIIFで公開する意味がないとさえいわれることもあるのかもしれないし、Presentation API等でも、ただライセンス名を記述するのではなく、利用可能性を機械的に処理しやすくなるフォーマットが案出されていくのかもしれない。その一方で、IIIFの世界に入っていないコンテンツとの問題も逃れがたくつきまとう。IIIFだなんだと騒いでいる同じ建物のなかで、閲覧室では、デジタル撮影すらかなわず、マイクロフィルムに撮影してもらい、焼き付けられるのを数週間待たされる現実は、まだ終わっていない。

▶Presentation API
IIIFのAPIのひとつで、いわゆるIIIF画像の公開形式を定めたもの。現在2.1.1が最新で、形式を大幅に変えて、動画や音楽などに対応した3.0の公開が目前に迫っている。
https://iiif.io/api/presentation/2.1/

▶注
[1]「Curation API 1.0 for IIIF」『人文学オープンデータ共同利用センター』

http://codh.rois.ac.jp/iiif/curation/index.html

[2]「日本古典籍データセット」『人文学オープンデータ共同利用センター』

http://codh.rois.ac.jp/pmjt/

[3] IIIF for High Quality and High Resolution Image Delivery and Case Studies. *Center for Open Data in the Humanities.*

http://codh.rois.ac.jp/iiif/

Curation API 以外にも Timeline API などが提案されている。

[4]「IIIF Curation Viewer」『人文学オープンデータ共同利用センター』

http://codh.rois.ac.jp/software/iiif-curation-viewer/

フェリックス・スタイルの本間淳氏によって Leaflet IIIF というビューワーをベースに開発されたとのことである。くわしくは、

北本朝展「IIIF 規格の拡張に基づくキュレーションやタイムラインを用いた画像公開事例」『第 4 回 CODH セミナー デジタルアーカイブにおける画像公開の新しいトレンド 〜 IIIF が拓く画像アクセスの標準化と高度化〜』2017 年 7 月〈doi:10.20676/00000309〉

[付記]現状、Curation API などを IIIF の正式な API に入れる動きはないとのことである。

　Curation API を利用するための環境構築支援として、IIIF Curation Platform が 2018 年 11 月に正式公開され、専用環境の導入が幾分容易になった。

http://codh.rois.ac.jp/icp/

第 **33** 回 …2017.12

研究を助けるプログラミングをどう学ぶか
―― 『言語研究のためのプログラミング入門』に寄せて

タグ☞ ＃プログラミング　＃デジタル人文学　＃研究方法

■ 情報処理入門講義で Python 3 を教える

　第 27 回で少し触れた日本語学で使う前提の情報処理入門講義を引き続き行っており、そろそろ 15 回が見えてきたところである。そこでも書いたが、後期には淺尾・李『言語研究のためのプログラミング入門：Python を活用したテキスト処理』を使用して、Python 3 を教えている【図1】。

　筆者は、Python が普段遣いのプログラミング言語ではないので、この教科書が Python 3 という特定の言語を学ぶという観点から考えたときにどれほど適切かということまでは述べることができない。しかしながら、この本は、「言語学研究者に向け、言語研究のための処理を解説」することが本分であって、そのためには、「一般の入門書であれば書いてある事柄であっても、本書の目的に直接関係しない点については大胆に省略して」あると述べられるように（「はじめに」pp. iii-iv）、この本は Python でなにかをするための本だというのは、読み進めていくなかで強く感ずるところである。半期ばかりの授業ではあるが、使ってみての感想をいささか述べてみたい。

▶Python 3
軽量プログラミング言語のひとつである Python のバージョン 3。2008 年にはじめて公開された。学習の容易さが売りのひとつで、自然言語処理や機械学習などのツールが Python に多く対応していることから人気が高い。https://www.python.org/

【図1】淺尾仁彦・李在鎬『言語研究のためのプログラミング入門』（開拓社、2013）ISBN:9784758921886

■逐次処理とそのためのデータ構造をひたすら教える本

　中身に関しては、著者のサポートページにあるサンプルコードで雰囲気をつかんでほしいが▶注[1]、プログラミングとして簡潔に書くための技法や、よく使われているライブラリーやモジュールについてはほぼ触れられることはなく、逐次処理をひたすら実践していく内容である。これは、人文学者が片手間にプログラミングを習ううえでの目標としては、かなり現実的なところなのではなかろうか。もちろん、複雑な処理ができて悪いことはない。しかしながら、ここで目指されているのは、ハッカーになることではなく、研究上の処理を適切に分割して、そのなかの機械的な処理をスクリプト言語にさせておくことである。プログラムで自在に処理をするのにはどうすればよいかといったことに半日費やして結局分からないという中途半端なプログラマーを生み出すための本ではないのである。また、逐次処理は、データを扱うためには基本であり、逐次処理をするうえで必要なデータ構造は相当多く提示されている。関数の定義もタプルも出てこないのに、多次元データの操作が出てくるというのは、おそらく、なかなか思い切らないとできないことではなかろうか▶注[2]。

　そういう意味で、逐次処理とそのためのデータ構造をひたすら教えるという方策は、自分でプログラミングをして研究に役立てるという観点においてはまさに王道であって、教材の選択に色はあっても、ほかの人文系研究者にも有用ではないかと思う。自分のことを考えても、はやりの拡張機能を使わないことはあっても、逐次処理と多次元データを使わないことはまずない。本書を読んでも、流行の技術との接し方、あるいは距離の置き方は分からないが、本書を繰り返しひもとくことで、データを目の前にしてなにかをしたいときに、どのような手順を踏めば処理できるのか自然と体得されるのではないかと思う。

■ Python 3 を離れても通用するデータ処理の技法と精神

　もちろん、▶注[1] で紹介した回答例を公開している方も指摘してい

るように、本書で述べられるものが必ずしも適切とは言いきれない面
も存する。たとえば、ファイルの開き方はいまとなっては with 構文で
書くほうがいいだろうし、インタラクティブモードとスクリプトファ
イルにまとめた書き方の混在は、思ったより混乱の種となるらしく、
おそらくはどちらかに絞ったほうがよい。また、もう少し練習問題は
多いとうれしかったし、なんらかの結果が出る問いに絞るべきであっ
ただろうし、そして、回答は著者が用意すべきであったろうと思う。

　実際に教室で使ってみて思ったのは、練習問題は応用問題だけとい
うのは、定着が悪いということであった。実際の生のデータをデータ形
式に落とし込むような段階には、なかなかいたるものではない。初め
てシェルを触り、プログラミングに触れるという学生には、インデン
トに意味がありすぎるなどの Python の癖もあまり優しくはないよう
で、つまずいて戻れないのに気付いたのは数回後ということも珍しく
はなかった。そこを補うのが教師というものであろうが、内容の解説
をしつつ、基礎を理解できているか、ティーチングアシスタント（TA）
もなしに確認するのは手にあまることだった。インタラクティブモー
ドをウェブブラウザーで実行できる Jupyter notebook ▶注 [3] をうまく
使って、あとで授業ノート代わりに提出させればもう少しよかったの
かとも思うが、自由に拡張機能すらインストールできない教室の環境
ではなかなか思い通りにはいかないものである。

　可視化だなんだといった高度に数学的な技術を人文学に応用するよ
うな場面は、本書では想定の外にある。そのような内容であれば、お
そらく、第 26 回で触れた *Hermeneutica* のほうが適していよう。本書
は、どちらかといえば、伝統的精読の側にいる。遠読的解釈学を助け
る本が今後とも増え続け、代替わりし続けるだろうことと比べれば、
本書は、Python 3 を離れても通用するデータ処理の技法と精神を得ら
れるようなものである。

▶注
[1] 著者らのサポートページでは正誤とサンプルデータ、サンプルコードが提供さ

> ▶シェル・プログラ
> ム
> 貝殻という意味か
> ら転じて外観とい
> う意で、コンピュー
> ターOSとユーザー
> の接点となるプロ
> グラムの総称であ
> るが、日本では特に
> キーボードのみで
> 命令（コマンド）を
> 入力し、画面には文
> 字しか表示されな
> いで操作するコマ
> ンドラインインタ
> プリタ（CLI）を指
> す。代表的なものに
> bash、zsh などがあ
> る。

れている。

「開拓社サポートページ」

http://asaokitan.net/kaitaku/

　正解例をブログで公開しているひとがいるので、回答に不安があるひとは参考とできよう（ただし、淺尾・李で扱った範囲外の機能を用いた書き方の例も見られるので、これで Python を勉強しはじめたひとにはそれで書き方が合っているか、必ずしも確かめられないところがある）。

「Python の入門書としても使える『言語処理のためのプログラミング入門』」

『StatsBeginner: 初学者の統計学習ノート』

http://www.statsbeginner.net/entry/2016/10/06/011948

[2] 利用者が自分で機能を拡張できるユーザ定義関数という機能があるが、その説明が出て来ないことに気が付いたときは、驚くとともにそれでいいんだと感動したのを覚えている。本格的にプログラムを書いていくのであれば、関数を自分で定義できるようになるのはもちろん必須である。しかし、本書が前提としているような手続き型処理のなかで、あえて関数定義を持ち込んで、いたずらに内容を複雑にする必要もない。あたりまえかもしれないが、機能をなぞっていくだけの教科書ではないことを示している。

[3] Project Jupyter

http://jupyter.org/

第34回
〜
第45回

172

第34回 ⋯2018.01

国立国会図書館オンラインが公開
── 地味な変化だが、使い勝手の向上が随所に施されている

タグ☞ #継続性　#メタ情報　#国立国会図書館

■ 15年間使われていたOPACのリニューアル

　2018年1月5日、国立国会図書館検索・申込オンラインサービス（国立国会図書館オンライン）が公開された【図1】▶注[1]。これは、前年12月でサービスを終了した国立国会図書館蔵書検索・申込システム（NDL-OPAC）に代わるものとして提供がはじまったものである。なお、書誌情報のダウンロードについては、NDL-OPACに似た操作感を持つ国立国会図書館書誌提供サービス（NDL-Bib）に引き継がれている▶注[2]。

　『国立国会図書館月報』にまとめられたところによれば▶注[3]、このOPACは2002年に供用が開始されたとのことで、15年間使われていたということになる。正式名称があまり変わらないところからも分かるように、リニューアルの前後でほとんどサービスの内容は同じで、内部的な改善や操作性の向上が主な目的ということであろう。利用者としては、英語UIの強化、パスワードの複雑化、検索画面の大幅な変化、申込手続きの見直しなど

▶UI
ユーザインタフェース User Interfaceの略。インタフェースとは、境界や接点という意味で、ウェブブラウザに限ってしまえば、システムのなかで利用者が接する部分や画面ということができる。

【図1】国立国会図書館オンライン
https://ndlonline.ndl.go.jp/

が特に目に付く。

■パスワード

パスワードの複雑化については、時代の趨勢からいって致し方ないところであろう。大文字・小文字のべつがなかったというのは、いささか古いタイプの制限であり、公的なオンラインサービスとしては使い続けにくかっただろうと思う。ただ、いまでもパスワードの文字種に制限があるのは▶注 [4]、不必要な制限ではなかろうか。複数の文字種の使用を強制するというのでもなければ、実利的なものは期待できないように思う。また、無限は難しいとしても時代の流れからいえば、パスフレーズが打てる程度には上限は長いほうがよい。

■検索画面

検索画面は、従来的な検索画面から、ファセットによる絞り込みをできるようになった。NDL-OPAC では、一定以上の絞り込みには検索式を駆使せざるを得ず、慣れないものにはなかなか難しかったので、操作上の使い勝手はよくなったものと思われる。また、デジタル化の有無、所蔵場所などの、以前にない絞り込み要素が入るなど、国立国会図書館のシステムの横断性も高まっている。以前言及したこともあるが、ファセット検索で利用者が目的のものにきちんとたどり着けるような設計と運用を実現するのはそれほど簡単ではないので、準備のよさにはさすがと思わされる。ただし、現時点でファセット検索のレスポンスはよいとはいいがたく、対応が気になるところである。なお、従来のように検索式を使った検索はできない。NDL-Bib では引き続き利用することができる。

■申込手続き

申込手続きについては、いままで一点一点閲覧申込をしていたものが、EC サイトのように、カートに入れてから一括して申請ができるよ

うになった。遠隔複写申込についても、もともとあまり使っていないので相違点を必ずしも承知してはいないが、書誌詳細画面から直接申し込めるようになったのは使いやすくなったものと感ずる。

■ NDL-Bib

先ほど触れた NDL-Bib は、従来型の検索システムを用いて、書誌データの一括ダウンロードや形式の詳細設定などができるものとなっている。NDL-OPAC からの移行については、国立国会図書館オンラインと NDL-Bib に分化したにもかかわらず、FAQ を見ても▶注 [5]、詳細が執筆時点（2018 年 1 月 16 日）で提供されていない。NDL-Bib を必要とする利用者ともあらば、自力で探せるはずだという意図なのであろうか。利便性のためには、NDL-Bib から国立国会図書館オンラインへのリンクがあるとよいだろうし、また、贅沢をいえば、NDL-Bib のサービス固有 URL もいずれ必要になってきはしないだろうか。

■引き継がれた固定 URL

URL ということでいえば、NDL-OPAC から国立国会図書館オンラインでは、URL が当然変わってしまっているわけであるが、NDL-OPACでいつからか利用可能になっていた固定 URL がそのまま引き継がれていることは、すばらしいことである（いつから利用開始となったのか、告知を見つけることができなかった。記憶が定かならば、NDL-OPAC が 2012 年に改修されてしばらくのあとだっただろうか）。NDL-OPAC では以前、改修時に一度設定した固定 URL ▶注 [6] が使用不能になってしまったことがあり、今回、継続されたことは喜びたい。しかしながら、そのアナウンスもないのは利用者として今後が不安であり、継続性の保証が望まれるところである。

以上見てきたように、利用者にとって今回の公開で大きな違いはなく、単純に利便性の向上を享受できるものである。地味な変化ではあるが、使い勝手の向上が随所に施されていて、同じデータベースを見

るだけでもあらたな発見がありそうである。また、英語 UI の追加は、
国際化という点では多言語化が絶対に必要であり、英語だけは不足で
あるけれども、日本資料のアクセシビリティが向上して、日本学のあ
らたな成果につながるものであろうと思われる。

▶注
［1］「平成 30 年 1 月システムリニューアルのお知らせ」
　　http://www.ndl.go.jp/jp/2018renewal/index.html
　　現在は WARP から閲覧できる。
［2］ NDL-Bib
　　https://ndl-bib.ndl.go.jp/
［3］「NDL と OPAC：989–2017」『国立国会図書館月報』681〈http://dl.ndl.go.jp/
　　view/download/digidepo_11003017_po_geppo1801.pdf?contentNo=1#page=18〉
［4］「ログインパスワードについて（重要）」『国立国会図書館』
　　http://www.ndl.go.jp/jp/2018renewal/10.html
　　現在は https://ndlonline.ndl.go.jp/static/ja/help-8/index.html で内容が確認でき
　　る。
［5］「システムリニューアルに関する Q&A」『国立国会図書館』
　　http://www.ndl.go.jp/jp/2018renewal/15.html
　　現在は http://www.ndl.go.jp/jp/help/2018renewal.html に移動されている。
［6］「NDL-OPAC の詳細表示画面に固定 URL を付与」『カレントアウェアネス』E776
　　〈http://current.ndl.go.jp/e776〉
［付記］担当者による解説として、川瀬直人「システムとしての国立国会図書館オ
　　ンライン」（『カレントアウェアネス』338、2018）参照。

第35回 ···2018.02

Digital Humanities Awards がやってきた
──2017年の出場作品に学ぶ

タグ☞ #デジタル人文学　#文化資源　#ビジュアライゼーション　#電子テキスト

　　　#シチズン・サイエンス

■いいものをみんなで選ぼうという、お祭り

　今年も Digital Humanities Awards がやってきた【図1】。DH Awards は、副題を Highlighting resources in Digital Humanities とし、前年にはじめられたり、大きなリニューアルを迎えたりしたデジタル人文学にまつわるリソースのなかから、いいものをみんなで選ぼうという試みである。2013年にはじめられ、2014年のものについては、過去に菊池信彦氏が取り上げておられる▶注 [1]。推薦はすべて公募であり、自由参加で Google Form で投票する、いわばお祭りである（副賞もない）。今回は、推薦作品を概観したい（各々の URL は▶注 [2] 参照）。なお、投票の楽しみを邪魔しないよう、評論のたぐいは避ける。

　DH Awards 2017 は、6部門で推薦を受け付けていたが、「DH の失敗例についての最も良い調査」部門については残念ながら推薦はなかったようである。実に興味深い部門ではあり、来年に期待したい。

【図1】 DH Awards 2017
http://dhawards.org/dhawards2017/

■「最も楽しい DH の活用事例」部門

　「最も楽しい DH の活用事例」には、6 例が挙がる。"Cancionero Escolar"は、20 世紀前半のコロンビアの童謡集をアニメなども添えてリバイバルしたもの。"PostcardTree"は、はがき収集・検索サービス。過去探しということらしい。"Public Domain Cut-Up"は、NYPL（ニューヨーク公立図書館）やメトロポリタン美術館のパブリックドメイン画像を重ね合わせて Twitter 上で紹介し続けるサービスで、一個人が運営している。"Real Words : Imagined Tweets"は、オーストラリアの政治家の議事録上の発言を Twitter の投稿として見たらという発想によるもの。"SIAMESE: Similar Advertisement Search"は、新聞広告と OCR の相性の悪さへの解決を試みたもので、20 世紀後半のオランダの新聞上の広告を類似によって検索する。"Visual Haggard"は、ビクトリア朝イギリスの小説家ハガードの小説の挿絵を電子化し整理したもの。

■「最も良い DH のツールやツール群」部門

　「最も良い DH のツールやツール群」は 12 例。"Checklist for Digital Humanities Projects"は DH プロジェクトの自己評価ツールを提案するもの。"China Biographical Database"は、中国人についての米中共同の伝記プロジェクト。"Chinese Text Project"は、著名な民間の漢籍翻刻・活用プロジェクト。"Easy Linavis"は劇等における人物相関関係をネットワーク化する教育ツール。"Ed. Jekyll theme for minimal editions"は、本文提供に特化した CMS を提供する。"Edition Visualization Technology"は、TEI で本文を編集するための GUI ツール。"HILAME"は、大航海時代スペインにかかわる人名帳作成プロジェクトというところか。"Incite"は、歴史文書の翻刻やタグ付けをする研究支援ツール。"Pelagios Commons"は、歴史的資料を LOD（Linked Open Data）に位置づける試み。"The Digital Image Archive of Medieval Music"はアクセスできなかった。"travel!digital Corpus"は、オーストリーの旅行

記を電子化し、地図化したもの。"Wycliffite Bible : Digital Edition"は、ウィクリフ英訳聖書を電子化し、あらたな校訂版を生み出す試み。

「最も良いDHのブログ記事や一連の記事」は6例。ブログ記事は議論のなかに位置づける必要があるのでここでの紹介は控える。

■「DHでの最も良いデータ視覚化」部門

「DHでの最も良いデータ視覚化」も6例。"LOD Navigator"は、イタリアでのホロコースト被害をLODを援用して視覚化する試み。"Mapping Islamophobia"は、アメリカ合衆国におけるイスラーム憎悪を理解するために現象を地図化するもの。"Renewing Inequality"は、アメリカ合衆国における再開発に伴う不均衡再生産を地図化したもの。"Roman Open Data"はLODを用いてローマ陶器と碑文を地図化したのだと思われる（動作しなかった）。"Six Degrees of Francis Bacon"は、近世イギリス人哲学者のベーコンにまつわる人物相関ネットワークを提示して、当時の社会状況の理解につなげるもの。"The Shape of History"は難解・抽象的な視覚化の可能性を19世紀イギリス人作家のピーボディの提起する歴史の抽象化というものを通じて検討する。

■「DHへの一般参加の最も良い活用例」部門

「DHへの一般参加の最も良い活用例」はもっとも多く20例。"Archive Alert"は、文化遺産保存施設等における資料の保存状況等について共有するもの。"Archive of Malian Photography"は、マリにおける重要な写真家のデジタル・アーカイブ。"Augmented Reality Freedom Stories"はARを用いて自由を訴える試みのようだが、Flashが必要で動作しなかった。"Cultural Heritage Through Image"は、（アメリカ合衆国にとっての）他国の文化遺産と個々人がつながるための試みのようである。"Epoiesen: A journal for creative engagement in history and archaeology"は、歴史・考古学における市民参加に関する学術誌。"Galassia Ariosto"は、近世イタリアの物語詩における挿絵比較。

"Imágenes y Relatos de un Viaje Por Colombia" は、コロンビアを旅したスペイン人の旅行記をデジタル化したもの。"In the Spotlight"は、小劇場等のビラを電子化の翻刻プロジェクト。"Letters 1916-1923"は、20世紀初期アイルランド市民の手紙の翻刻プロジェクト（1916年はイースター蜂起の年）。"Rebooting Electronic Literature"は、e文学をYoutubeに記録する試み。"Livingstone Online"は、ビクトリア朝イギリス探検家リビングストンの記録を電子化し、帝国史に位置づけるもの。"Mapping Cultural Philanthropy"は、アメリカ合衆国首都における文化的慈善事業の歴史をたどるもの。"Mapping the Fourth of July"は、南北戦争期アメリカ合衆国における独立記念日を資料翻刻から理解する試み。"Memoria Chilena"は、チリ史の記憶にかかわる資料を集めたもの。"Minna de Honkoku"は、かつて本連載（第22回）で取り上げたこともあるが、日本の地震史料を翻刻する試み。"The Comics Grid: Journal of Comics Scholarship"は漫画研究に関する学術誌。"The Dúchas.ie Project"は、アイルランド民話の翻刻プロジェクト（を含む）。"The PARTHENOS Training Suite"は、研究基盤の構築に関する教育資源。"To be continued: The Australian Newspaper Fiction Database"は、オーストラリアの新聞に掲載された創作作品の目録化プロジェクト。"What America Ate"はアクセスできなかった。

　紙幅ゆえ紹介しきれなかったが、デジタル化と一言にいっても、どれも同じではない。是非実際にアクセスしていただきたい。そうでなくとも、Google翻訳など駆使して眺めているだけでも楽しいものである。

▶注

[1]「西洋史DHの動向とレビュー〜DHアウォーズ2014ノミネート作にみる西洋史DH〜」『人文情報学月報』43号

　　https://www.dhii.jp/DHM/dhm43-1/n2-weu_review/n1

[2]　DH Awards 2017 Voting

　　http://dhawards.org/dhawards2017/voting/

[付記]　受賞者は「活用事例」部門では"Cancionero Escolar"、「ツール」部門では"Checklist for DH"、「視覚化」部門では"Mapping Islamophobia"、「一般参加」部門では"Imágenes y Relatos de un Viage Por Colombia"が選出された。

▶e文学
パソコンや携帯電話など、コンピューター上での享受をもっぱら意図して創作された文学作品。ハイパーテキストやマルチメディア作品など多様な形態があり、また特定のコンピューター環境に依存しやすい面が保存上の問題を引き起こしやすい。

第36回 …2018.03

デジタル・アーカイブと差別
──情報の偏在について公器としてのアーカイブはどう考えるのか

タグ☞ #デジタル人文学　#文化資源　#地域資料　#電子化　#人権

■社会的地位の弱いひとびとの存在

　先日、とある研究者との会話のなかで、前近代日本研究におけるデジタル・アーカイブを取り巻く状況として、社会的地位の弱いひとびとの存在が見えなくなりがちであることに及んだ。利用者として要望を出せるかという話になり、クレーマーと思われたいわけでもないからというところで、その話題は終わった。このような情報の偏在という問題については、第5回で触れた、English Resource Guide for Japanese Studies and Humanities in Japan において学術情報を集めたときも感じられたところであった（それは多分に英語で得られる情報というのに絞ったというためでもあろうが）。以下、まとまりや深みがあるわけではないが、最近少し話題になったことでもあるので、いささか説き及んでみたい。

■資料を提示する場を担うこと／欠落についてどう考えるか

　このような情報の偏在は、決して、デジタルにはじまったことではないし、もし社会的地位の弱さというものがあるのだとしたら、それは、適切に記録が残らないことも含まれていようから、直ちにそれぞれのデジタル・アーカイブが「わるい」のだとはいえない。しかしながら、機械学習について最近あらためて注意されているように（たとえば、エイプリル・グレーザー「AIが性差別・人種差別をするのはなぜか？どう防ぐか？」）▶注 [1]、デジタル空間が社会的地位を増幅させることがあるのだ

とすれば、それは、単に現実の投影にすぎないと居直ることは許されないようにも思える。たとえば、歴史研究に疎いのでこまかなことは知らないが、出自による差別を助長するような史料をデジタル・アーカイブで無思慮に公開するようなことがあれば、史料を書いたのが自分ではないからということでは済まないものがあるだろう▶注 [2] [3]。

とはいえ、大半の歴史的資料を取り扱うデジタル・アーカイブやコレクションにとっては、差別にあたる表現を有する資料を示すことによって差別の主体となるわけではないのもまた明らかである。それは、「史料を書いたのがデジタル・アーカイブの提供者ではないから」というところに戻ってくる。たとえば、女人成仏を否定した数百年前の資料を掲載したら、その考えにデジタル・アーカイブの提供者が和したのだとは必ずしもならないようにである。むしろ、それらを保存して、資料としてそのようなものが現に存在し、伝来してきたということを社会のひとりひとりが見つめるための資料を提示する場というものを担わなければならない、とさえいえるのではなかろうか。個人情報の保護はこの原則に優越するのはもちろんであるが。

しかしながら、あるものについてはともかく、欠落についてはどう考えればよいのだろうか？　ないものはないというのは簡単で、実際、そうであるならばそれ以上どうしようもないのだが、おもしろいものがないからといって出さないのだとすれば、それは、いまある差別の投影であって、過去の差別の現実の正確な描写としてのアーカイブではない。

■それらもまた見られるようになっていなければならないのだが

アーカイブが差別的な表現をそのままにしておけるのは、社会のありのままを示す公器としての役割を認められてのことである。それが、デジタル空間における差別の増幅を助長するのだとすれば、「ありのまま」を示しておくことが難しくなってゆくのかもしれない。やはり、そうなる前に人文学があるべきで、資料を読み解き、人間の知のなか

に可変性を持たせて位置づける──複数の読みの可能性を限界まで広げていきながら──ことで、差別の支えとさせないようにする務めがあるのではなかろうか（現に、デジタル人文学には、デジタル空間の批判的役割が期待されているという議論もある▶注 [4] [5]。セールストークといわれたらそれまでかもしれないが）。

　このようなデジタル・アーカイブ（コレクション）の偏りの問題というのは、アーカイブ構築のなかでできることもそう多くなく、専門機関ではなく取り組んでいるところもあまり見受けられないようである。結局は、アーカイブには見せたくなるようなもの以外もあり、それらもまた（直接にだれかの権利を侵害しない限りにおいて）見られるようになっていなければならないのだという単純な事実を私たちが受け止められるかという一点にかかってくるために、なにか動きとしてあらわれにくいのかもしれないが、繊細な事柄を含むゆえに、経験を共有し、教えを請いたいところでもあろう。AI の問題を機に、議論が深まるとよいのではないかと考える。

▶注

[1]『ニューズウィーク日本版』2018 年 2 月 15 日
　https://www.newsweekjapan.jp/stories/technology/2018/02/ai-32.php

[2]「Google Earth の古地図と部落差別問題、本家 /. で話題に」『スラド IT』
　https://it.srad.jp/story/09/05/27/0854223/

[3]「ネットの部落差別「いたちごっこ」　監視続ける自治体」『朝日新聞デジタル』
　https://www.asahi.com/articles/ASL3G53SRL3GPLXB009.html

[4] How the Humanities Compute in the Classroom. *The Chronicle of Higher Education.*
　https://www.chronicle.com/article/How-the-Humanities-Compute-in/143809

[5] 'Digital' Is Not the Opposite of 'Humanities'. *The Chronicle of Higher Education.*
　https://www.chronicle.com/article/Digital-Is-Not-the/241634

[付記] 問題をなかったことにして解決とすべきではないという部落解放同盟中央本部の声明も参照。
　「古地図・古絵図刊行および展示に対する基本的考え方について」
　http://www.bll.gr.jp/archive/siryo-syutyo2003/guide-seimei-20031110.html

第 37 回　…2018.04

メタ人文学としてのデジタル人文学という場
——「2018 Spring Tokyo Digital History Symposium」
ツイートまとめを読んで

タグ☞ #デジタル人文学　#ビジュアライゼーション　#電子テキスト

　　　#プログラミング　#Tokyo Digital History

■デジタル時代の歴史研究の全プロセスを覆うことを目指したシンポ

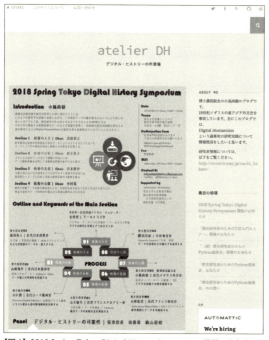

【図1】2018 Spring Tokyo Digital History Symposium 開催のお知らせ
https://naokicocaze.wordpress.com/2018/03/20/2018-spring-tokyo-digital-history-symposium-%E9%96%8B%E5%82%AC%E3%81%AE%E3%81%8A%E7%9F%A5%E3%82%89%E3%81%9B/

参加できなかったのだが、2018年4月15日にシンポジウム「2018 Spring Tokyo Digital History Symposium」が開催され【図1】、その模様が Togetter でまとめられていると知り▶注 [1]、早速読んでみた。

2018 Spring Tokyo Digital History Symposium（以下、当シンポジウム）は、Tokyo Digital History（以下、ToDH）という「学際コミュニティー」と銘打たれたグループの主催で行われた。ToDH は、西洋史専攻の大学院生小風尚樹氏が代表で、デジタルと歴史を関心の軸として活動してきたとのことで、これまで、「歴史研究者の

ための Python 勉強会」や「歴史研究者のための TEI 入門セミナー」など、ツールの使い方を学んでいく活動が多かったようである。今回は、それとは趣を変え、デジタルに自分たちの研究を進めていくことを目指して、エンジニアやアーキビスト、歴史研究者たちが 6 カ月にわたって準備を重ねてきたものだということである。また、世代もおそらくは近いだろうこれらのメンバーに対して、シニア研究者を招いてコメントを設けたところも、議論の広がりをもたらしたものと思われる。

ところで、この会では、研究者のジュニア・シニアというのが話題になったようであるが、しょせんは形容詞であり、先輩・後輩といってもなにも変わらない（ちなみに筆者はどちらなのだろうか。同世代？ミドル?）。上下関係を思わせるこの表現を使わなかったところが、もしかすれば、おもしろい点なのかもしれない。

■現状のデジタル人文学の可視化について考える

さて、聞きもしなかったシンポジウムのまとめである Togetter の内容をまとめてもさしたる意味はあるまい。筆者は歴史研究者ではなく、日本語研究者のなかに連なるつもりであるので、関心の違いをうまく Togetter から拾えるとも思われない。むしろ、その関心の差異から何点か述べてみたい。

デジタルな人文学をなすうえで、本文のありかたはあいかわらず重要である。そして、それは大部分が文献学に立脚するものであろう▶注 [2]。今回のシンポジウムでも、TEI が強調されてはいたが、公文録の国立公文書館のデジタル・アーカイブにおける目録がスクレイピングされたり、西洋古典学のデジタルライブラリーである Perseus から取得された XML データを解析したりと、多種多様であった。多種多様な本文のありかたそのものはアナログな文献学にも共通するものではあるが、その往還の容易さはおそらくデジタルの長所であって、あらためて興味深く感じた。

▶**TEI**
Text Encoding Initiative の略。人文学におけるテキストの符号化を推進する団体（TEI Consortium）であり、またその提供する XML マークアップのガイドラインのことである。符号化とは、そこから元のものに復元可能な形式に変換することをいう用語であり、すなわちマークアップ・テキストからテキストそのものを復元できるようにするという大胆なくろみでもある。http://www.tei-c.org/

▶**Perseus**
米タフツ大学の運営する西洋古典学を中心とする電子図書館で、ギリシア・ラテンの古典作品及び翻訳、解説などの本文検索ができるほか、語の頻度情報や変化形の推定など自然言語処理を活かした機能などを有する。http://www.perseus.tufts.edu/hopper/

現状のデジタル人文学の可視化は、鄙見（ひけん）でなければ、かなりの部分を自然言語処理技術に依存したものであり、また、批判の多くなりはじめた可視化技術を使いたがるという点で疑問がある。ひとつめの点は、おそらくいわゆる遠読派に共通する問題点であろうと思うが、自然言語処理技術によって生成された本文、すなわちレンマ化された本文の分析がなにを意味するのかについて、あまり意識を働かせようとしているようには見えない。レンマ化された本文は、現状の技術では文脈を持てないので、ひっきょう、頻度とせいぜい前後数語の共起だけが頼りである（word2vecはすばらしいが、しかし、そこに個々の文脈はないのもまたいうまでもない）。それを考えるのがいやであれば、単にかしこい索引として使ってしまうので、結局、レンマ化された本文を分析するという方法についての反省はない。レンマ化する前の本文に立ち返ればよいという単純な問題とは思えない——その立ち返った結果をレンマ化された本文の分析結果に肉付けするのは、現状では難しいからである。

また、今回の可視化でもやたらと円グラフが多かったが、円グラフは見た目のきれいさほど比較に便利ではない（目が差を感知できない）ということは、しばしば指摘されている。検証可能性を一方で称揚しつつ、他方で円グラフのような手段で煙に巻くのは、いかがなものか。デジタル出版が一般化して、グラフ表現形式を閲覧者が自由に選択できるようになった日には、円グラフもひとつ意味があるのかもしれない。しかし、現状の出版形式における唯一のデータ表現手段として円グラフを選ぶことは、内容の伝わらない表現を選んだとの誹（そし）りを免れがたい。

■メタ人文学としてのデジタル人文学

さて、総括において、小風氏よりデジタルなんとか学のデジタルは、いずれなくなる定めにあるとの発言が見られたとのことである▶注[3]。確かに、個別の人文学においてデジタルと名乗ることは次第になくな

▶遠読
F・モレッティが提唱した世界文学の研究手法に基づく（F・モレッティ『遠読：〈世界文学システム〉への挑戦』秋草俊一郎ほか訳、みすず書房、2016）。計量的にテキストに接して、個々の作品の精読では得られない俯瞰的視座に至ろうとする研究プログラムである。

▶レンマ
もっとも基本となる語形のこと。たとえば、go, goes, went, going, goneの基本形はgoである。辞書形とも。

▶word2vec
単語の意味をベクトルで表現して操作する単語埋め込みWord embedding操作のなかでもよく用いられるモデル。文脈における単語の共起関係のデータを与えることで、単語の類似度などを表現することが可能となる。

っていくことはありうる（個人的には、現時点でもデジタル日本語学と名乗っているひとがいたら、時代錯誤に思う）。しかしながら、メタ研究であるところのデジタル人文学はどうだろうか。現状、デジタル人文学は組織化ができたところで先鋭化し、それ以外のデジタル人文学グループというのはいくらか落ち着いてしまっているようにも見える。そんななかで、このような催しがなされたことは興味深く、これほど周到にとはゆかずとも、ゲリラ的に人文学のありかたをゆさぶってゆく試みが生まれるのであれば、メタ人文学としてのデジタル人文学はこれからも価値の生まれ集まる場となるのではなかろうかと思うのだった。

▶注

[1] naoki kokaze さんのツイート「昨日開催した Tokyo Digital History シンポジウムの、公式ハッシュタグのツイートをまとめました！〈https://t.co/xwnUsDnr4J〉流れがよく分かります。なお、昨日のスライド集を PDF でまとめて公開してありますので、是非ご覧ください。〈https://t.co/UkVvOEBjbi?amp=1〉#todh_2018」https://twitter.com/CocazeNaoki/status/985698666735288320

[2] 第 26 回でも触れたところである。明星聖子・納富信留（編）『テクストとは何か　編集文献学入門』（慶應義塾大学出版会、2015）は、本文作成に焦点が置かれる編集文献学の問題をアナログからデジタルまでコンパクトにまとめた書籍であるが、ここにはデジタル化された本文の多様性については注意が払われておらず、ましてエンコーディングのこともなく、数年の差ではあるが、動態を感じさせる。

[3] https://twitter.com/dhistory_tokyo/status/985444345330384896
https://twitter.com/mak_goto/status/985444127432036352

第 **38** 回 …2018.05

IIIFを採用したふたつのアーカイブ
―― 島根大学附属図書館デジタル・アーカイブと
近畿大学貴重資料デジタル・アーカイブ

タグ☞ #地域資料 　#文化資源 　#IIIF 　#電子化 　#島根大学附属図書館
　　　#近畿大学図書館

■島根大学附属図書館デジタル・アーカイブ

　やや旧聞に属するが2018年1月30日に島根大学附属図書館デジタル・アーカイブがリニューアルされ▶注[1]、5月7日には、近畿大学貴重資料デジタル・アーカイブが公開された▶注[2]。どちらも、各大学の図書館所蔵の貴重資料を公開するものである。

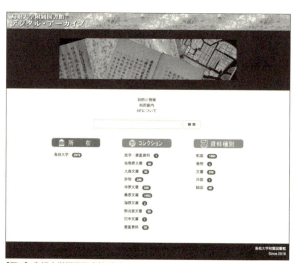

【図1】島根大学附属図書館デジタル・アーカイブ
http://da.lib.shimane-u.ac.jp/content/ja

　島根大学附属図書館デジタル・アーカイブ（以下、島大アーカイブ）【図1】は、もともと2009年に公開されたもので▶注[3]、その再構築ということになる。同館では、同館蔵の桑原文庫という、地元の蔵書家の蒐書が受け入れられており、2015年には、「デジタルアーカイブ間連携実証実験」として、デジタル化された隣県の鳥取県の旧家蔵書と連携して目録が閲覧

できるような取り組みもなされている▶注 [4] [5]。

　島大アーカイブは、いま述べた桑原文庫を中核としつつ、石見銀山に関する林家文書など郷土の学事をたどるにふさわしい資料を備えるほか、抄物やその他貴重資料など、ふつうの貴重資料アーカイブらしいものもある。資料に対するメタデータはあまり豊富ではなく、書名・著者・コレクション・請求番号・刊年等しかないため、現状では主題別検索などは難しいようである。ライセンスは CC BY が採用されている。画像は、カラーチャートもメジャーも見当たらないので、本格的な使用には耐えられないこともありそうであるが、一般に字画明瞭に撮影されており、当座の用に困ることはなかろう。ただ、実物の閲覧・撮影・利用にあたっては、旧来の申請書が必要なようである。筆者としては、デジタル・アーカイブ化は、従来の方式を見直すよい機会だろうと思うので、いささか残念に思う。撮影申請をして、デジタル・アーカイブにものが増えるのであれば、筆者は微力ながら協力したいと思ってしまうのだが、世間的にはそうでもないのだろうか。

■近畿大学貴重資料デジタル・アーカイブ

　近畿大学貴重資料デジタル・アーカイブ（以下、近大アーカイブ）【図 2】は、近畿大学図書館の貴重資料全般を取り扱うアーカイブである。近畿大学図書館では、これまでにもエジプト誌など指折りの資料のデジタル化が行われてきたようであるが▶注 [6]、プラットフォームとして整備されたものはなかったようである。現状では 53 点と、一見多くはないが、貴重資料と銘打つだけあって、すべて 18 世紀以前のもので、一点一点が観賞価値を持つものであることを踏まえれば、必ずしもそうとは評価しきれない。近大が誇るインキュナブラや初版本、また、嵯峨本伊勢物語など和漢の古版本が並べられており壮観である。ただ、残念なことには、全資料で全ページが閲覧可能というわけではなさそうで、たまたま筆者がトップページを開いたときにピックアップ資料として出てきたデ・サンデの「天正遣欧少年使節見聞対話録」は、タ

▶抄物
抄物は、室町期等の漢文作品の講義録である。島大アーカイブには各資料の由来が書かれないし、いくつかのものの蔵書印などを見ても一箇所から出たもののようには見えない。状態もよさそうで、どういう経緯で島根大学附属図書館に入ったのか興味深い。

▶インキュナブラと嵯峨本
ともに初期の活字印刷本で、インキュナブラは、和訳して揺籃期本とも呼ばれ、15 世紀に西洋式活版印刷で出版された本をいい、嵯峨本は、京都の角倉（すみのくら）家が 17 世紀初頭に刊行した活字版である。ともに貴重さ・美麗さで知られる貴重な資料群である。

【図2】近畿大学貴重資料デジタルアーカイブ
https://kda.clib.kindai.ac.jp/rarematerials/

イトルページのみしか閲覧できなかった▶注[7]。貴重資料ゆえ扱いも容易ではないと思うが、なんとか全ページ公開がされることを期待したい。検索結果画面においては、結果右上に「全部見る」のリンクがあらわれるものが複数ページ（必ずしも全ページではない）公開されたもののようである。また、最初のページにだけカラーチャートとメジャーが置かれるのも意味を見いだせない。見えないだけで、全ページ撮影されているのかもしれないが、もしそうでないのであれば、そう何度となく撮影できない貴重資料のアーカイビングのためにも、標準的な処理をすべきではなかろうか。

■目に付いてくる目録あるいは検索システムの相互互換性の乏しさ

　さて、今回取り上げたふたつのデジタル・アーカイブは、どちらもIIIF（International Image Interoperability Framework）を採用している（第30回、32回参照）。おりしも国立国会図書館デジタルコレクションがIIIFに対応をしたところであり▶注[8]、和書についても「相互互換性（interoperability）」がいつの間にやら高められてきた。コンピューターと、ひととが同等にアクセスできるのは、大変に意義深いことである。視覚障碍者対応ビューワーなど、解放された環境において、各人が自由に各所のデータを堪能できる時代が来てほしいものである。そうなってくると、ますます各デジタル・アーカイブにおける目録あるいは検索システムの相互互換性の乏しさが目に付いてくるところでは

あり、すでにそのような仕組みはないとはいえないけれども、IIIF が
もたらす必然性によって新しく仕組みができていくことは十分考えら
れるところである。同時に、各アーカイブの個性をもっと徹底しても
ほしいところでもあって、IIIF が専用ビューワーの作り込みを否定し
ないように、コンピューターにとっての形式化と人間にとっての自由
さが奏でるハーモニーとはなにか、考えられてゆくのであろう。

▶注
[1]「島根大学附属図書館、デジタルアーカイブをリニューアル：IIIF に対応」『カ
　　レントアウェアネス』
　　http://current.ndl.go.jp/node/35400
[2]「近畿大学貴重資料デジタルアーカイブを公開しました。」『近畿大学貴重資料
　　デジタルアーカイブ』
　　https://kda.clib.kindai.ac.jp/rarematerials/news/1
[3]「島根大学附属図書館デジタル・アーカイブが試験公開」『カレントアウェアネ
　　ス』
　　http://current.ndl.go.jp/node/12818
[4]「島根大学附属図書館等、国指定重要文化財である鳥取県の「河本家住宅」が
　　所有する古典籍を ADEAC で公開」『カレントアウェアネス』
　　http://current.ndl.go.jp/node/28408
[5]「河本家住宅保存会・島根大学附属図書館／河本家古典籍」
　　https://trc-adeac.trc.co.jp/WJ11C0/WJJS02U/3290515100
[6]　山元秀明「貴重書の有効利用について：貴重書室改修とデジタル化」『中央図
　　書館報　香散見草』37、2003
[7]「近畿大学貴重資料デジタルアーカイブ」
　　https://kda.clib.kindai.ac.jp/rarematerials/view/rarematerials/10239623
[8]「国立国会図書館デジタルコレクションが IIIF（トリプルアイエフ）に対応し
　　ました（付・プレスリリース）」『国立国会図書館』
　　http://www.ndl.go.jp/jp/news/fy2018/180515_01.html
[付記]　島根大学附属図書館デジタル・アーカイブは、公開後特に処置をすること
　　なく URL を変更してしまった。URL の安定性は、参照地点としてのデジタル・
　　アーカイブの根幹であり（第 12 回も参照）、やむを得ないことであったとは思わ
　　れるが、繰り返されないことを望む。

第**39**回 …2018.06

明治150年記念事業と公文書館
―― 国立公文書館「明治期公文書等デジタル化画像特設ページ」

タグ☞ #地域資料　#継続性

■現段階では、各機関でこれはというものを紹介するというかたち

国立公文書館に、明治150年記念事業の一環として、平成29年度全国公文書館長会議を受けて、「地方公文書館等が所蔵する主要な明治期公文書等のデジタル化画像について、一元的アクセスを可能とする特設ページ」が開設された▶注［1］［2］［3］【図1】。

当初の目的としては、明治改元150年を期に、明治政府のもと行われた近代国家建設の記録をこれからも残し、また、その歩みを再確認することにあるとされ、そのために、「地方公共団体が設置する公文書館等［…］が所蔵する主要な明治期公文書等のデジタル化画像の一元的アクセスを可能とする特設ページを国立公文書館ホームページ上に設置」することが決まったとのことである▶注［4］。公文書の横断検索については、「国立公文書館において、地方公文書館等の明治期公文書のデジタルアーカイブ化

【図1】明治期公文書等デジタル化画像特設ページ（国立公文書館）
http://www.archives.go.jp/event/meiji150-01.html

および国立公文書館デジタルアーカイブとの横断検索を可能とする仕組みづくりへの助言を行う」▶注 [4] とのことで、これから取り組みが促進されることが期待される。すなわち、現段階では、各機関でこれはというものを紹介するというかたちとなっている。とはいえ、全体的に説明はなく、館ごとに資料へのなんらかのリンクがあるのみである。

■盛り上がり方もまた、その時代の行政を映す鏡である

そこに上がったものを見ると、体系的にデジタル化されているアーカイブへのリンクがある一方で、いわゆる「ウェブ展示」のかたちで示されているものも散見される。ウェブ展示も、PDF のパンフレットのものもあれば、ウェブサイトの 1 ページであるものもある。一般的に見て味気ないアーカイブへのリンクに比べて、PDF のパンフレットは、説明も丁寧で分かりやすいことが多く、それじたい不適切とは言いきれない。しかし、しばしば、URL を見ると、リニューアル等の機会で一掃されてしまいそうな一時的な命名のものも散見される。これらのウェブページの保管体制はいったいどうなっているのか、そもそもこの紹介ページがうち捨てられずに今後も残っていくのか、いろいろと気になる点は尽きない。

公文書館が作成する文書も公文書であることを思えば、この一群のウェブページも公文書であろう（明治 150 年は、しかも、官邸の進めている企画でもある）。盛り上がり方もまた、その時代の行政を映す鏡ならば、これはこれで一級品の資料に違いない。国会図書館のインターネット資料収集保存事業で保存されていきはするのだろうが、自館の資料としても、ウェブページを生かしてこそ、次の 150 年もあるものではなかろうか。

▶注
[1]「地方公文書館等の主な明治期公文書等紹介ページの開設について」『国立公文書館』

http://www.archives.go.jp/news/20180604163441.html

[2]「主な明治期公文書等」

http://www.archives.go.jp/event/meiji150-01.html

[3] Twitter 上での告知は 2018 年 6 月 8 日にされているが（https://twitter.com/JPNatArchives/status/1005026683710255105）、『カレントアウェアネス－R』では 6 月 5 日に紹介されており（http://current.ndl.go.jp/node/36102）、具体的な日付は明らかでない。

[4]「平成 29 年度全国公文書館長会議：「明治 150 年」に取り組む基本的考え方」全国公文書館長会議、2017 年 6 月 8 日『国立公文書館』

http://www.archives.go.jp/about/activity/pdf/h29_kancho02.pdf

第 40 回 …2018.07

画像への注釈やリンクが容易になる未来に
—— 国立歴史民俗博物館の khirin と『聆濤閣集古帖』

タグ☞ #リンクト・データ　#オープン・データ　#電子化　#文化資源　#地域資料
　　　#国立歴史民俗博物館

■ khirin コンテンツのデータ提供方法

　2018 年 5 月 25 日に、国立歴史民俗博物館「総合資料学の創成と日本歴史資料の共同利用基盤構築」事業では、同館の進める総合情報学の情報基盤として、khirin（Knowledgebase of Historical Resources in Institutes）をオープンさせた【図1】▶注 [1]。最初のコンテンツには、館蔵資料目録データベース、『聆濤閣集古帖』の画像及び仮目録、歴史民俗調査カード（歴史及び考古）の目録及び画像データが含められた。

　これらのデータは Web での検索ができるほか、リンクト・データとしても提供され、歴史民俗調査（歴民）カードや『聆濤閣集古帖』の画像については IIIF（International Image Interoperability Framework）で提供される。Web 版の検索画面では、連携検索機能などが用意されており、DBPedia に相当のアイテムがあれば、リンクや解説、シノニム（同義語）を見ること

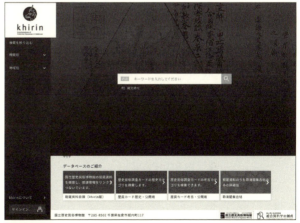

【図1】khirin
https://khirin-ld.rekihaku.ac.jp/

ができるようである。また、同じ地域や同じ時代、歴民カードのばあいは同じ調査者単位で検索ができる機能があり、件数も見えるようになっているのはとても使い勝手がよさそうである。

リンクト・データはいまのところアイテム単位の提供であり、語彙も独自のようである。現状、語彙や SPARQL Endpoint の定義は提供されていないように思われる▶注[2]。アイテムの名称などはともかく、コレクション名や文化財としての登録状況なども IRI 化されておらず、テキスト直書きのままである。この情報基盤においては、「スキーマレス」をうたい▶注[1]、確かにその通りではあるのだが、リンクト・データが目指すセマンティックなウェブという点から、可用性を今後どのように高めていくのかは気になるところである。SPARQL Endpointがないのでそこまで重大な問題ではないが、目的語がほとんど IRI 化されていないことに伴い、リンクト・データとしての機械処理容易性や目的語の一意性は得られず、したがって、リンクト・データのデータからウェブ版の操作感を再構成することは難しいように思われる。

■ライセンス

ライセンスは、諸条件によっていくつかに分かれており、館蔵資料目録データベースと聆濤閣集古帖とは政府標準利用規約 2.0 に「準ずる」ライセンス（自由利用、出典・改変の有無の記載の明示を要請）、歴民カードについては CC BY-NC-SA（すなわち商用利用不可）で提供されている▶注[3]。この「準ずる」ライセンスは、京都大学附属図書館をはじめ、khirin にやや遅れて東京大学附属図書館が採用を発表するなど、広まりを見せつつあるもののように思われる。

■『聆濤閣集古帖』

さて、今回の目玉のひとつは『聆濤閣集古帖』にあるようである。これは、「れいとうかくしゅうこちょう」と読む。摂津国菟原郡住吉の豪商吉田家の幕末期当主たちに集古の趣味があり、藤貞幹や穂井田忠

▶SPARQL Endpoint
SPARQL はスパークルと読む。リンクト・データの検索方式を SPARQL といい、検索機能を担うのが SPARQL Endpoint である。詳細はパスファインダーの「セマンティックウェブ」の項に挙げた文献を参照してほしい。

▶IRI
国際化資源識別子Internationalized Resource Identifier の略。URL の拡張概念である。URLのように直接ウェブで利用可能かということを越えて、リソースに名前を与える一般則である URI（統一資源識別子Uniform Resource Identifier）の文字コード空間をさらに UTF-8 にまで広げて世界中の文字を利用できるようにした。第 12 回もあわせて参照。

友とかかわって集めた品々をあるいは貼り付け、あるいは写していたという。そのうち、写しをまとめた帖がこの『集古帖』で▶注 [4]、2004 年に臨川書店から購入したらしい。貼り付けたほうは、反町茂雄氏が一度取り扱ったようで、述懐のなかにあらわれている▶注 [5]。流出した経緯や吉田家のいまを知らないが、近代のうちに処分され

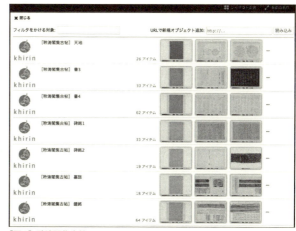

【図 2】聆濤閣集古帖
https://khirin-i.rekihaku.ac.jp/mirador/shuko.html

ていたのであろう。原資料の目録が作られており、khirin の各原資料の詳細ページから目的の画像にすぐアクセスすることができる。これは、2017 年度からの歴博における共同研究の成果のひとつのようで▶注 [6]、2018 年度まで継続されるということであるので、今後のさらなる充実が期待される。

この『集古帖』は、IIIF で公開されており、事前に画像リストが組み込まれた Mirador も提供されている【図 2】。勝手な妄想ではあるが、現在設計が進められている IIIF Presentation API 3 あるいはそれ以上のバージョンで、画像への注釈や「リンク化」がよりいっそう容易になった未来において、現在は目録からの一方通行であるところが、目録との連環が生まれ、そこにさらに利用者の「勝手注釈」が増えていくことによって、新しい解釈の生まれる場が開けてくるのではないか——そのような可能性を感じさせるシステムであった。

▶注
[1]「総合資料学情報基盤システム（khirin）を公開しました」『国立歴史民俗博物館　総合資料学の創成』
　　https://www.metaresource.jp/khirin-opening/

［2］「聆濤閣集古帖　嚢匣」『Knowledgebase of Histroical Resources in Institutes』
https://khirin-ld.rekihaku.ac.jp/rdf/nmjhkanzousiryou/258293
「（多賀城碑ならびに釈）（写、天平宝字六年十二月一日）」『Knowledgebase of Histroical Resources in Institutes』
https://khirin-ld.rekihaku.ac.jp/rdf/nmjhshuko/H-1660-12-10
［3］「khirin について」『国立歴史民俗博物館　総合資料学の創成』
https://www.metaresource.jp/about-khirin/
［4］「聆濤閣集古帖について」『国立歴史民俗博物館　総合資料学の創成』
https://www.metaresource.jp/about-shukocho/
「歴博」第 130 号
https://www.rekihaku.ac.jp/outline/publication/rekihaku/130/witness.html
［5］　反町茂雄『日本の古典籍：その面白さその尊さ』八木書店、1984、p. 445
［6］「平成 29 年度共同研究」『国立歴史民俗博物館』
https://www.rekihaku.ac.jp/research/list/joint/2017/reitoukaku.html

第41回 …2018.08

研究基盤のかたちとしてのデータセット
── 「漢字字体規範史データセット」の公開

タグ☞ #CHISE　#HNG　#文字情報　#データセット　#継続性
　　　#漢字字体規範史データセット保存会

■データセットの公開と漢字検索の公開

　2018年7月23日に京都大学で漢字字体規範史データセット保存会（以下、データセット保存会）の設立記念イベント・シンポジウム「文字情報データベースの保存と継承」が催された▶注 [1]。漢字字体規範史データセット（以下HNGデータセット）とは、北海道大学文学部名誉教授の石塚晴通氏が主導して長年作成してきた通称石塚漢字字体資料をデジタル化したものをデータセットとして一般の利用に長く供しようとしたものである【図1】。このデジタル化は、もともと漢字字体規範史データベース（以下、通称の HNG; Hanzi Normative Glyphs）という先行プロジェクトで行われたものであったが、このデータベースは長期に

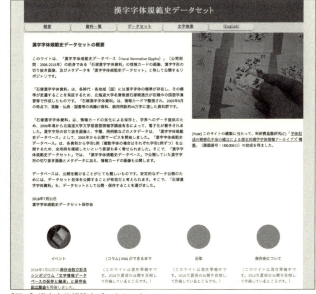

【図1】漢字字体規範史データセット
http://www.hng-data.org

わたって休止中で、利用が難しくなっていた。今回のシンポジウムは、このように保存会が設立されて、もととなったデータがデータセットとして公開され、またその検索インタフェースとして CHISE-IDS HNG 漢字検索というものも用意されたことを記念してものと位置づけられようか▶注 [2]。

■石塚漢字字体資料と HNG

　石塚漢字字体資料と HNG について、少し説明が必要であろう▶注 [3]。石塚漢字字体資料とは、漢字資料の使用字体には、地域・時代によって標準が存し、かつ、変遷するという石塚氏の構想を証するべく、二十余年にわたって氏の指揮のもと演習などの時間に積み重ねられてきた資料のことである。具体的には、石塚氏が長年調査を重ねてきた敦煌文献中の初唐宮廷における写経事業で作られた写本では、それ以前、あるいは同時代でも私的な写本に見られるような、文字としては同一でも字体としては異なるもの（異体字）が一文献中に複数用いられるという状況がないことを示し、同様に、開成石経、再彫本高麗版大蔵経、奈良時代の御願経などの国を挙げた本の製作においても、異体字が用いられないことを証するというのがこの資料の眼目である（さらに、そのような異体字の統一された本においては、使用する紙質などにも意が用いられているというのが重要である）。この資料は紙カードで作成されたものであったが、東京外国語大学アジア・アフリカ言語文化研究所（当時）の豊島正之氏の管理のもと、それを電子化し、所用字体を文献ごとに一覧できるようにしたものが HNG であって、かつ、電子的に拡張された部分も存する。HNG は 2006 年に公開され、石塚氏の構想を体現したものとして提示されていた（したがって、拡張もそれにかなうかたちで行われた）。

■インフラ化したデータベース、その休止と再開

　それから時日も経ち、HNG は、漢字の字体を調べるためのデータベ

ースというように目されるようになり、その検索結果が論文などで論拠として引用されるようになった。データセット保存会幹事の高田・守岡両氏のいう「インフラ化」である。これは、HNG の当初の目的からは意想外の反応であると石塚氏や高田氏はいう（▶注 [3] 高田論文参照）。そのように普及した段階での休止は、学界に驚きを以て迎えられ、それが長期にわたるに及んで、べつのかたちでの公開が企てられるにいたった。そのひとつが京都大学人文科学研究所の守岡知彦氏の運営する CHISE からの公開であり（CHISE-IDS HNG 漢字検索）、さらに今回の守岡・高田氏を中心とするデータセット保存会によるデータセットというかたちでの公開である▶注[4]。休止にいたった事情について、筆者はつまびらかにしないが、一般論として、公刊された研究とそれに付随するインターネット上で公開される資料が使えなくなってしまうという事態は、データベース公開者が永遠に存在し得ない以上、避けがたい。前置きが長くなったが、その意味で、今回のシンポジウムは、一資料の去就を越えた問題が見え隠れしていたように思われる。

■紙カード資料の GitLab からの公開

　シンポジウムでの各発表は、昨今の事情から見れば話されずに済まされてしまうような話題——縁者の介護のことを口にのぼせにくいように——が多く、したがって、残りの紙幅で述べるにはいささか繊細に過ぎることのように思われるので、割愛に従うが、データセット保存会設置の要点としては、HNG において電子化した石塚漢字字体資料をデータセットとしてデータセット保存会の設置する GitLab から公開したというところにある。石塚漢字字体資料は、先ほども述べたように紙カード資料であるが、『大字典』という戦前の中型漢字字典の掲出字によって文献ごとに全例を整理し、そのなかでの字体のばらつきを計量した資料である。HNG では、その紙カードをすべて撮影し、一字一字を独立した画像とし、字体ごとに整理した。データベースの検索結果では、字体ごとに一例のみ画像を掲出し、全例を検討するこ

▶GitLab
GitLab 社の開発した Git リポジトリマネージャーである。Git とは、Linux の開発者リーナス・トーバルズが Linux のバージョン管理を行うために開発したシステムで、個々の開発プロジェクトに関するソースコードなどのデータを保存する単位をリポジトリといい、それを管理するための付加ツールがいくつも作られていて、GitLab もそのひとつである。類似のものとしては GitHub が特に有名だが、利用者が各々環境を整える GitLab と異なり GitHub 社が一元的に管理する点で異なる。

とができなかった。データセットは、データを取りまとめて一般の利用に供するものであるので、そのような検索機能は持たないが、全データを確認できるので、HNG と違った利用が可能となる。ただし、現状ではライセンスが明確でなく、利用結果の公開には注意が必要である。また、現状では石塚漢字字体資料 64 文献すべてが提供されているわけではなく、48 文献のデータ提供にとどまっている点もまた注意すべきであろう▶注 [5]。

■データ形成に強い方向づけがされているデータセット

HNG データセットのように研究グループが作成したデータセットは、日本古典籍データセットなどの機関提供型のものとは異なり、データ形成に強い方向づけがされているものであり、また、これまで多くされてきたデータベース形式の公開とは異なって、研究成果の検証可能性の確保や、データベースよりは低い維持コストなどが意義の中心となろう。シンポジウムでも HNG に限らず語られたことであるが、データベースには維持コストの問題がつきまとう。データセットは、一般に汎用性を高めたかたちで公開され、それゆえにプレゼンテーションまで公開者が手がけるデータベースでは可能となる作り込みとは相容れない点も多々あるが、逆にいえば、そのようなデータに基づいた議論は、データ操作の明解さという利点も得られよう。HNG データセットがもたらすものはまだ分からないが、研究者の社会責任を果たす形態として、また、研究基盤のかたちとして、データセットというものが受け入れられてゆくことによって、デジタル日本学の未来に広がりが生まれるのではなかろうか。

▶注

[1] 2018-07-21 漢字字体規範史データセット保存会設立記念イベントの記録
　http://www.hng-data.org/events/2018-07-21.ja.html

[2] わたくしごとではあるが、筆者は北大在学中に HNG 構築にいくばくかかかわっており、またその機縁でデータセット保存会の発起人にも名を連ねることとなったので、このようにデータセットが公開されるにいたったことは大変にうれし

く思う。ちなみに、HNG にかかわったという事実や程度はクレジットされていないので、勝手に名乗っていないという保証を筆者ができるわけではないのだが、構築作業を手伝った人員のひとりとして自分が作ったデータが活かされていることに喜びを見いだしているというくらいのことであるとご理解いただければと思う。

[3] 石塚漢字字体資料・HNG の関係については以下を参照。

石塚晴通・高田智和「漢字字体と文献の性格との関係：「漢字字体規範史データベース（石塚漢字字体資料）」の文献選定」高田智和・馬場基・横山詔一（編）『漢字字体史研究二：字体と漢字情報』勉誠出版、2016

高田智和「漢字字体と典籍の性格との関係：「漢字字体規範データベース」が主張するもの」『情報処理学会研究報告』2CH-97、2013

[4] 「漢字字体規範史データセット」

http://www.hng-data.org/

[5] なお、データセット保存会で行っている事業ではないが、検索がまったくできないわけではなく、CHISE-IDS HNG 漢字検索によって、HNG データセットに含まれる字体のみに絞った検索が可能となっている。HNG の検索機能とは設計が異なるが、軽度な利用にはこちらが便利であろう。

[付記] 現在は 63 文献の公開がされているほか、HNG 当時の検索画面を模した単字検索機能が公開されている。『人文情報学月報』94 号（https://www.dhii.jp/DHM/dhm94-1）においてくわしく述べた。

第**42**回 …2018.09

IIIF のメタデータ充実をどう模索していくか
——IIIF Discovery in Japan の開始

タグ☞ # メタ情報　# オープン・データ　# デジタル人文学　#IIIF　#Dublin Core

■二次公開が認められたものについて検索が可能

　2018 年 8 月 13 日に東京大学情報基盤センターの中村覚氏によって IIIF Discovery in Japan が開始された▶注 [1]【図 1】。これは、日本国内で提供されている IIIF 対応で公開されたリソースのメタデータを収集し、そのなかでも二次公開が認められた状態で提供されているものについて検索ができるようになったものである。

　IIIF は、International Image Interoperability Framework の略で、ウェブを通じた画像提供に関するメタデータや URI サービス設計の一標準であり、同時にその標準を推進するコミュニティーの名称であって、本連載でも何度か取り上げてきたところである。IIIF は、それじたい柔軟性の高い仕組みを備えており、他サービスとの連携を取りやすくしてはいるものの、それじたいに一サービスを超えて検索する仕組みがあるわけではないから、このような発見（ディスカバリー）サービスにどのように拾ってもらえるかといったところに課題があった。本サービス開始以前にも、関西大学アジア・オープン・リサーチセンターの菊池信彦氏による「日本の図書館等における IIIF 対応デジタルアーカイブ一覧」▶注 [2] があったが、コレクション内に分け入っていくわけではなかった。本サービスの開始を受けて菊池氏が一覧のメンテナンスを終える旨発言したところ、中村氏が検索対象の問題から終了の必要はないとコメントしているが▶注 [3]、検索対象の多寡ということ

を除いても、一覧とディスカバリサービスは目次と索引の関係にあたるわけであるから、相補うものであるように思う。

■ **指摘されていなかった、IIIF 対応メタデータの検索上の問題点**

さて、検索してみると、そこまで思ったような検索が可能にはなっていない。その意味もあって、検索サービスではな

【図 1】IIIF Discovery in Japan
http://iiif2.dl.itc.u-tokyo.ac.jp/s/iiif/page/home

く発見サービスと名乗っているのかとも思うが、これは、ひとつには、提供されている IIIF 対応のメタデータに起因するところが少なからずあるものと考える。

IIIF にはメタデータについてはあきらめている節があり、協調とまでゆくとあまりできることが多くない。たとえば、トークナイザーと閾値の問題なのか、検索窓でサジェストされている「百鬼夜行図」で検索するとおそらく「図」が入っているものがすべて検索されてしまう（執筆時）▶注 [4]。これは、トークナイザーによって検索語が分割されて検索するために起こるのであろうが、IIIF 対応リソースのキーワード一致検索ではおそらくあまり検索精度がよくないという問題もあるのではないか。本サービスを紹介した発表では▶注 [1]、メタデータ収集に関する問題点は指摘されていても検索上の問題は指摘がなく、これは推測にとどまるが、メタデータの粗密が IIIF 対応リソース提供

▶ **トークナイザー**
データベースなどで検索の便を高めるために索引（インデックス）を作る際に用いるもので、文字列を一定の単位（トークン）に分割する。単位は形態素であったり、一定の文字数（n-gram）だったりとさまざまである。

者によって大きく異なることは確かである。IIIF じたい、くわしい情報の提供はべつのウェブ上のリソースを指し示すことを支持しているわけで、IIIF 対応のメタデータが詳細でないことは罪ではないのであるが。

IIIF でできないのであれば、Dublin Core や Google が推進していることで厭が応にも耳目に入る Schema.org などで情報を補うということは当然検討の余地に入るわけであるが、やはりこれも IIIF の仕様の外である以上、それぞれの提供者がそれぞれの対応を取るのは避けがたい。IIIF 対応の要件とするには、IIIF 対応リソース提供者間で——グローバルに——足並みをそろえる必要があるからである。とはいえ、Dublin Core や Schema.org に沿ったデータで詳細なメタデータを提供することで、IIIF 対応リソースであるという利点を活かしつつ、機械的にも処理の容易なリンクト・データ空間を作り出す意味は、本サービスのような可能性を展開していくうえでも見逃しがたいのではなかろうか。

■ IIIF と "SEO" 効果とデジタル・アーカイブを取り巻く環境

現状、IIIF で提供することに特段の "SEO" 効果はない。しかし、本サービスのような発見サービスが普及していけば話は変わっていくだろう。自サービスがどう他所から見えているかということを Google の SEO は意識させるようになった。Schema.org が Google 検索に採用されて普及したのも、Google が推奨したからだけではなく、機械可読データが自サービスをよく見つかるようにする実力を持っていたからだろう。本サービスやそれによるメタデータの充実化への模索によって、協調的にデジタル・アーカイブを取り巻く環境が充実していくとすばらしいことだろうと思う。

▶注

[1] IIIF Discovery in Japan・HOME
　　http://iiif2.dl.itc.u-tokyo.ac.jp/s/iiif/page/home

▶Schema.org
あらかじめデータのモデルを持たないものを非構造化データというが、それに対して構造化されたデータとは、個々のデータが定義に則って作られているものをいう。OCR をかけただけのスキャンされた文書は、見出しなどの情報が失われている非構造化データであるが、それに対して、コンピューターが理解できるよう情報を付加すると構造化データとなる。Schema.org は、ウェブ上で構造化されたデータを増やし、検索の精度を上げようとして Microsoft や Google などを中心に作られた団体であり、また構造化に用いる語彙のことである。

▶SEO
検索エンジン最適化 Search Engine Optimisation の略。具体的には、Google での検索結果を上位にするための大小さまざまな工夫。Google は、「内容の重要度」を検索結果の順番付けに用いており、商業サイトなどは特にいかに上位に持ってくるか鎬を削っている。

中村覚・永崎研宣「日本国内の IIIF 準拠画像に対する横断検索システムの構築」
『研究報告人文科学とコンピュータ（CH）』CH-118、2018
[2]「日本の図書館等における IIIF 対応デジタルアーカイブ一覧」
　https://matome.naver.jp/odai/2152584366126558001
[3] Digital Humanities in Japan
　https://www.facebook.com/groups/758758500904522?view=permalink&
　id=1889575101156184
[4] 使用している検索システムの Apache Solr は経験がなく大変さが分からない
　が、キーワードそのままでなく、関連するアイテムを極力表示させ、かつ、不要
　な内容はなるべく表示させないということを実現するのは容易でなかろうし、時
　間をかけても期待するほどの成果もないのかもしれない。したがって、問題点と
　していうつもりはなく、極端な例だったので挙げたまでである。
　　なお、このサービスでは、「史料編纂所データベース異体字同定一覧」を利用
　して異体字処理をしているが、以下のページで安岡孝一氏が指摘しているよう
　に、他所の異体字同定は必ずしも自分のところの異体字同定には適用しがたい。
　ほかによりどころがないということかもしれないが、上記一覧もよりどころとし
　て頼れるわけではないし、精度を見ながら自分で作るほかないのではなかろう
　か。完璧なものを作ろうとしてはひとは漢字の闇に落ちてゆくのであるし……。
　「キラキラネームにおける人名用漢字の異体字」『yasuoka の日記 - スラド』
　https://srad.jp/~yasuoka/journal/599694/

第**43**回 …2018.10

国立国会図書館に入っていない教科書を公開
──国立教育政策研究所教育図書館のデジタル・アーカイブ

タグ☞ #文化資源　#オープン・データ　#電子化　#国立教育政策研究所教育図書館

■国立教育政策研究所教育図書館の蔵書来歴

　2018年8月30日、国立教育政策研究所教育図書館が明治150年記念事業サイトを公開した▶注[1]。そのうちわけは、文部科学省情報ひろばにおける「明治期教科書等教育資料の展示」、「明治期教科書デジタルアーカイブ」▶注[2]及び「貴重資料デジタルコレクション」▶注[3]の公開の3点である。ここで取り上げたいのは、後二者になる。

　国立教育政策研究所教育図書館は、前身の国立教育研究所の図書館に端を発し、国民精神文化研究所からの蔵書を引き継いでいる組織であるが、教科書については、国立国会図書館上野支部（旧帝国図書館）が所蔵していた蔵書を寄贈されたものが基盤であるという▶注[4]。帝国図書館の教科書は、▶注[4]に触れられるように内務省検閲用のものもあるが、大日本教育会書籍館旧蔵のものなど、とりあわせた色彩がある。もちろん、国立教育研究所としても購求やその他の寄贈を受けて充実したものとなっている。

■明治期教科書デジタルアーカイブ

　まず、明治期教科書デジタルアーカイブ（以下、デジタルアーカイブ）を見てみよう【図1】。▶注[4]によれば、2005年度以前からデジタル化がはじまり、2007年から研究所内でのみ閲覧が可能になっていたものであるという。デジタル化の対象は、1964年までに検定を受けた教科書

であるとのことで、今回はその一部が公開されたことになる。利用規約としては政府標準利用規約第2.0版に相当するものとなっている▶注[5]。▶注[1]によれば、

【図1】明治期教科書デジタルアーカイブ
https://www.nier.go.jp/library/textbooks/index.html

約8,400点の教科書が公開されたとのことであるが、巻ごとに1点と数えているようなので、種類としてはいくらほどになろうか。ただし、権利確認の未了などにより引き続き研究所内のみで閲覧可能であるものもあり、そのようなものは霞が関まで行かねばならない。なお、明治19年以降の教科書では、検定を受ける前の版がある程度出回っており、利用にあたっては書誌情報をよく読んで、検定を受けたものか確認する必要がある。

■貴重資料デジタルコレクション

ついで、貴重資料デジタルコレクション（以下、デジタルコレクション）について見る【図2】。デジタルコレクションは、デジタルアーカイブの若干質の低いデジタル化と異なり、出版にも耐えるような高精細な撮影をしたものをフォーマット変換をした程度で提供するものである。点数は78点で、『幼学綱要』や第2次『小学校令』の草稿など、重要な資料が公開されている。教育掛図なども、ウェブ上で高精細で見られるものはないに等しく、貴重である。同時に、閲覧の便を図って低

【図2】貴重資料デジタルコレクション
https://www.nier.go.jp/library/rarebooks/

解像度にした画像もあり、そのような資料を快適に確認することもできる。デジタルアーカイブがOPACにPDFへのリンクを埋め込んだものとなっているのに対し、デジタルコレクションでは、ビューワーがべつに提供されている。開発にあたっては、できるだけ公開などの手順を単純化するよう心がけたことが述べられている▶注 [6]。確かに、規模に見合ったコストというものはあって、この程度の量であれば専用パッケージによって複雑に手をかけて公開するよりも、極力シンプルな構成を取れるほうが機動力は格段に上がるだろう。デジタル・アーカイブ業者のお仕着せプラットフォームから公開する前に考えたいことかもしれない。

これまで、明治期の教科書を公開していた機関としては、筑波大学附属図書館▶注 [7]、広島大学図書館▶注 [8]、東京学芸大学附属図書館▶注 [9] があったが、あまり組織的なものではなく、今回の公開はいずれのものも上回るものである。この蔵書を質的にも量的にも上回るのは、東京書籍の東書文庫のみであり、また東書文庫の蔵書を補えるのもほとんどこの蔵書のみであろう。教科書は、国立国会図書館にほとんど入っていないために、図書刊行物としてはもっともデジタル公開

が遅れていた分野であったが、これで利用環境が大幅に改善したこと
を喜びたい。

　あとは新聞（と雑誌）であるが、こちらはあとひとふた世紀待たねば
ならないだろうか？

▶注
[1]「国立教育政策研究所明治150年記念事業」
　　https://www.nier.go.jp/library/m150/
[2]「国立教育政策研究所教育図書館明治期教科書デジタルアーカイブ」
　　https://www.nier.go.jp/library/textbooks/
[3]「国立教育政策研究所教育図書館貴重資料デジタルコレクション」
　　https://www.nier.go.jp/library/rarebooks/
[4] 江草由佳「戦前期教科書の電子化・保存とその応用」『情報知識学会誌』17、
　　2007〈doi:10.2964/jsik.17_4_225〉
[5]「文部科学省ウェブサイト利用規約」『文部科学省』
　　http://www.mext.go.jp/b_menu/1351168.htm
[6] 江草由佳「移行しやすく使いやすいデジタルコレクション公開サイト構築の試
　　み：教育図書館貴重資料デジタルコレクション公開準備の経験から」『slideshare』
　　2018〈https://www.slideshare.net/yegusa/20180902-c4ljp2018〉
[7] TextBook Collection in Hiroshima University Library
　　http://dc.lib.hiroshima-u.ac.jp/text/
[8]「貴重書コレクション（電子化リスト）」『筑波大学附属図書館』
　　https://www.tulips.tsukuba.ac.jp/lib/ja/collection/rare
[9]「東京学芸大学　特別コレクション一覧」『E-TOPIA』
　　http://library.u-gakugei.ac.jp/etopia/orai.html
[付記] 本誌公開時点では修身・読本科明治検定期教科書が未公開であったが、そ
　　の後、2018年11月22日付で約1,900冊が追加公開された。2019年8月19日に
　　「明治教科書デジタルアーカイブ」に大正以降の教科書も追加され、「近代教科書
　　デジタルアーカイブ」と名称が変更された。

第**44**回 …2018.11

コレクションをどう見せていくか
──デジタル・コレクションの位置づけを考える道筋

タグ☞ # 文化資源　# 地域資料　# 電子化　# デジタル人文学　# 情報発信　#IIIF

■予算の多寡と継続性から考えてみる

　この連載では、デジタル・コレクション（デジタル資源を集めたものとしておきます）のありかたについて議論することが多かった。さて、デジタル・コレクションを作るとなったとき（それが作りたくてなったのかいなかはこの際問わない）、どういう位置づけのものにすることがあり得るのだろうか。備忘のようなことになってしまうかもしれないが、考えてみたい。

　デジタルという往々にして既存の枠組みにないことをはじめるにあたって、予算の多寡と継続性は、最大の問題であり続けている。デジタル化された資料がなければ撮影し、あるいは電子テキスト化する必要がある。なんらかの方法でデジタル化したのちに、デジタル・コレクションを提示するシステムは、無償でもすぐれたものがあるが、そのようなばあいはできあいのシステムに自分たちを合わせるか、さもなくばコストをかけてあらたに構築する必要がある。システムを設置するサーバーも、既存の広報用ウェブサーバーとはべつ仕立てにしなければならないことも多く、サーバー及び回線の設置維持費用が継続的に発生することとなる。自然環境も含めて、セキュリティも当然考えなければなるまい。コンテンツの追加、広報にかかる人件費も当然考えなければならない。どのようなシステムがよいか、先に決まっているのでなければ、コレクションの中身を考えながらでも遅くはない。

なぜ上記のようなことを考えなければならないかといえば、出したいものがあるからである。では、出したいものはどこから出てくるのだろうか。それは手元にあることもあるし、他所様の持っているものであったりもする。

■選りすぐりを示すのか、全貌を示すのか

ここで分かれ道がある。ひとつには、選りすぐりを示すこと。もうひとつとしては、全貌を示すことである。選りすぐりを示すのは、特に地域資料が集まっているようなばあいは有用に働くことがある。大阪市立図書館のように視覚資料が多ければ、利用を持ちかけやすい▶注 [1]。とはいえ、地域外由来の資料でも、その地域に残った歴史を踏まえれば、地域資料として見られないことはない。むしろ、地域外の資料によって地域資料の位置づけが可能となるわけで、コレクションそのものとしては全貌を示すほうが好ましいことが多いと考える。第2回において触れたことがあるが、「いろは」のような往来物は、まさに地域で作られ、息遣いを伝える資料であるのにデジタル・コレクションには加えられないことのほうが多い。また、地誌類は視点をほかのところから借りてくることが多く、読み解くにはそれだけ読めばよいわけではないということも考え合わせるべきである。地域資料の生まれた文脈を知るうえでも、先人の学問に学ぶうえでも、資料全体を大事にしてほしいと思う（地域資料以外であれば、特徴ある資料と読み替えていただきたい）。

■目録とその規格——流通性を考える

コレクションの範囲を決めたのちは、目録をデジタルに載せることを考えることになる。目録はすでに OPAC に組み入れられるなどされてデジタル化されていることも多いと思うが、一筋縄ではなかなかいかない。管理の流れを大きく乱さないことも重要であるが、電子化に際して他の規格との整合性が図られれば、自コレクションを超えた連

携が可能となり、いいことも多い。どの規格がよいということも一概にいえないが、付加情報としてでも国書総目録や日本目録規則に則ったデータを与えられれば便宜は増すことになる。

なにを出すか決めたあとに大切なこととしては、世にすでに広まっているものに、うまく乗っかるほうがよいということである。一度広めると決めた以上は、自らのささやかな見識よりも流通性のほうが重要である。資料については、作り手がもっともよく知っているが、同様に、ほかのものにはそれを得手とするひとびとがいる。デジタル撮影にあたっては、国会図書館が資料デジタル化の手引▶注 [2] [3] を公開しており、全般的な資料の取り扱い、特に和本等については、国会図書館と国文学研究資料館が講習会の資料を提供している▶注 [4]。テキスト化については無限の可能性があって一概にいえないが、「みんなで翻刻」のような細部に立ち入らない割り切りが当面はよい（第22回）。

■根本は大事にしてきた資料全体——可能性は秘められている

画像公開もまだ若干ハードルが高いかもしれないが、IIIF（International Image Interoperability Framework）などの標準が広がりつつある。京都大学と慶應義塾大学の連携で行われている富士川文庫デジタル連携プロジェクト▶注 [5] は、それじたいいろいろなところで試みられてきた分散したコレクションをデジタルに一堂に会させる試みを、IIIF を援用することによってかなり省力化して行った例である。IIIF では、部分画像にも URL を安定的に付与することが可能になり、画像ダウンロードをして加工するという一手間をなくすだけでなく、情報の一元管理も容易にした。その応用例として人文学オープンデータ共同利用センター（CODH）が行っている IIIF キュレーションプラットフォームが挙げられよう▶注 [6]。

コレクションをどのように見せてゆくかは、結局はどんな資料を出すかにかかってくる。一番見せたいものを見てもらうには、よほどそれに耳目を引く力がなければ、導線作りが重要である。システムや見

せ方は、もちろん重要であるにせよ、根本は大事にしてきた資料全体
が可能性を秘めている。そのうえに、デジタル・コレクションの位置
づけが定まってくるのではないかと思う。

▶注

[1]「大阪市立図書館 Twitter」
　https://twitter.com/oml_tweet
[2]「国立国会図書館資料デジタル化の手引」『国立国会図書館』
　http://www.ndl.go.jp/jp/preservation/digitization/guide.html
[3]「マニュアル・パンフレット・翻訳資料」『国立国会図書館』
　http://www.ndl.go.jp/jp/preservation/manual/index.html
[4]「研修・保存フォーラム」『国立国会図書館』
　http://www.ndl.go.jp/jp/preservation/cooperation/training_forum.html
[5]「富士川文庫デジタル連携プロジェクト」
　http://www.kulib.kyoto-u.ac.jp/rdl/digital_fujikawa/index.html
[6]「IIIF Curation Platform の特長」『人文学オープンデータ共同利用センター』
　http://codh.rois.ac.jp/iiif-curation-platform/

第45回 …2018.12

文字自動認識研究のデータセット
──「KMNIST データセット」と「日本古典籍くずし字データセット」

タグ☞ #機械学習 #オープン・データ #データセット #文字情報

#国文学研究資料館 #国立国語研究所 #人文学オープンデータ共同利用センター

■機械学習用のくずし字データセット、KMNIST データセット

2018年12月8日、人文学オープンデータ共同利用センター▶注[1]（以下、CODH）は、文字自動認識研究において標準的なデータセットである「MNIST データセット」に準じたかたちでデータセットを構築した「KMNIST データセット」を公開した【図1】▶注[2]。これは、文字字形データセット「日本古典籍くずし字データセット」▶注[3]をもとにしたもので、データの内容に合わせて「Kuzushiji-MNIST」・「Kuzushiji-49」・

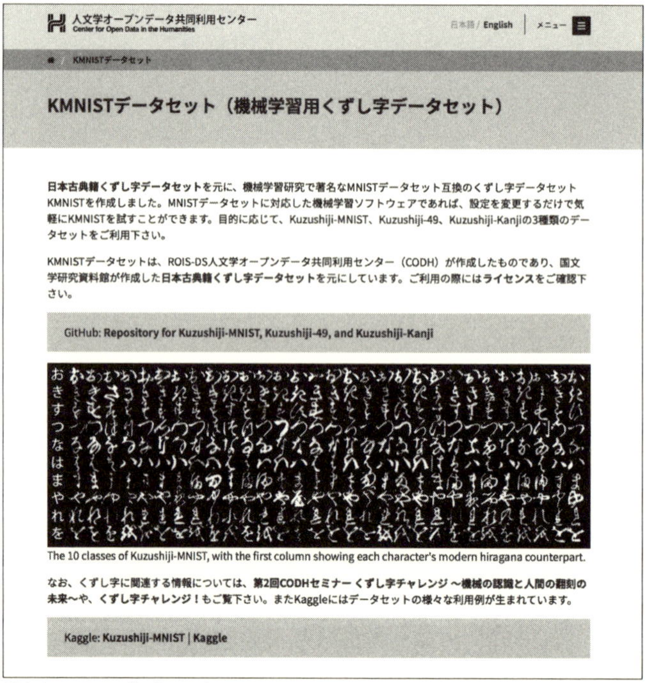

【図1】KMNIST データセット
http://codh.rois.ac.jp/kmnist/

「Kuzushiji-Kanji」の3種類が提供されている。

　MNIST（Modified NIST）データセットは、Bottou 氏や LeCun 氏らが94年に公開したもので▶注[4]、NIST（アメリカ国立標準技術研究所）が 1992 年に国勢調査票文字認識コンテストのために配布した訓練用の Special Database 3 と試験用の Special Database 7（別名 Test Data 1）のデータの数字に関するデータを組み替えて作ったものである▶注[5]。もともとのデータセットでは（縦横）20 × 20 の白黒二値画像であったものが、MNIST データセットでは 28 × 28 の独自形式のグレイスケール画像とされ、それが文字認識用データセットの標準的な規格として用いられるようになった。各字に訓練用については 6 万例、試験用については 1 万例が用意されている。KMNIST データセットは、この MNIST 形式にあわせて日本古典籍くずし字データセットを加工したものということになる。

■日本古典籍くずし字データセット

　日本古典籍くずし字データセットは、KMNIST データセット公開に合わせて「日本古典籍字形データセット」から改称したもので【図2】▶注[6]、もともとは、古典籍 OCR▶注[7] の開発の際の副産物として生み出されたものをデータセットの形式にしたものである▶注[8]。現在でも拡

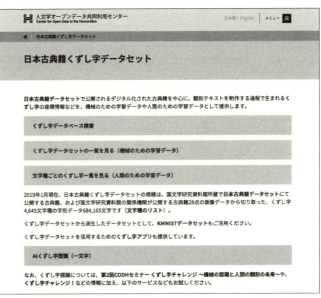

【図2】日本古典籍くずし字データセット
http://codh.rois.ac.jp/char-shape/

充が続くほか、国立国語研究所からもデータ提供を受けている。ラベルは現代の仮名に正規化されており Unicode の変体仮名は特に活用されていないが、活用するには十分な訓練データを用意できない問題が指摘されており、今後も難しいといわれる。そもそもコンピューター用に変体仮名のテクストを得たいのかが問題ではある。それはさておき、CODH では、このデータセットをもとに「くずし字チャレンジ！」として PRMU アルゴリズムコンテストの一環としてすでに機械学習による文字認識コンテストを開催しており▶注 [9]、単に公開するだけでなく活用のための多様なチャンネルを模索していた。今回の公開もその一環であろう。

▶GitHub
GitHub 社の運営する Git リポジトリホスティングサービス（Git については p. 201 の「GitLab」解説を参照）。ソフトウェア開発のプラットフォームとして多くのユーザーに利用されている。GitHub 上でユーザーアカウントが共通化することで開発プロジェクトへの参加が容易となり、SNS 的に活用されている。2018年に Microsoft に買収された。

　KMNIST データセットは、GitHub で公開されている▶注 [10]。Kuzushiji-MNIST データセットは、MNIST 形式に合わせて 10 字にそれぞれ 6 万例の訓練データと 1 万例の学習データを提供する。複数の仮名字体がひとつの現代の仮名のラベルのもとに提供されていることにより、MNIST データセットよりも機械学習上考慮すべきことが多くなり、多様なチャレンジが求められることが重要であるという。Kuzushiji-49 データセットは平仮名全字と踊り字「ゝ」、Kuzushiji-Kanji データセットは漢字について MNIST の画像サイズに基づいてデータ提供するものである。こちらは、実例の偏りもあり MNIST 形式ではない。

■ KMNIST データセットの目標

　KMNIST データセットの目標のひとつに、「MNIST のバリエーションとしての KMNIST を気軽に使ってみることで、くずし字を対象とした研究に興味をもつ研究者を増やすこと」があるという。人文学は「くずし字」という一語を越えた世界を明らかにしてきた。KMNIST データセットが扉を開けたその先には、どんな多様性が描かれていくのだろうか。

▶注

[1] 正式名称：情報・システム研究機構データサイエンス共同利用基盤施設人文学オープンデータ共同利用センター。

[2] 情報・システム研究機構データサイエンス共同利用基盤施設人文学オープンデータ共同利用センター作成「KMNIST データセット」
http://codh.rois.ac.jp/kmnist/index.html.ja 〈doi:10.20676/00000341〉
Tarin Clanuwat, *et al.* Deep Learning for Classical Japanese Literature. 2018. 〈arXiv:1812.01718〉

[3] 国文学研究資料館ほか所蔵／情報・システム研究機構 データサイエンス共同利用基盤施設 人文学オープンデータ共同利用センター加工「日本古典籍くずし字データセット」
http://codh.rois.ac.jp/char-shape/ 〈doi:10.20676/00000340〉
現状、KMNIST データセットが依拠した具体的なデータは公開されていない。

[4] MNIST Handwritten Digit Database. Yann LeCun, Corinna Cortes and Chris Burges
http://yann.lecun.com/exdb/mnist/
Léon Bottou, *et al.* Comparison of Classifier Methods: A Case Study in Handwritten Digit Recognition. 1994. 〈doi:10.1109/ICPR.1994.576879〉

[5] Special Database 3 と 7 は、Special Database 1 で公開されていた手書き文字サンプル用フォームを加工して、一字ごとに切り分けたものだった。 これらのデータベースは、増補を受けた Special Database 19 によって置き換えられた。現在は画像形式を PNG にした第 2 版が出されているほか、MNIST 形式の普及を受けて Special Database 19 のデータセットを MNIST 形式に変換した EMNIST （Extended MNIST）データセットすら公開されている。
NIST Special Database 19 〈doi:10.18434/T4H01C〉
Gregory Cohen, *et al.* EMNIST: An Extension of MNIST to Handwritten Letters. 2017. 〈arXiv:1702.05373〉

[6] くずし字という語の広まりを受けての改称とのことである。くずし字という語や、そもそも行草体を「くずしたもの」と見なす表現は、幕末期をさかのぼらないすぐれて現代的な表現であり、専門的には定義不能で確かに現代語でしか名付け得ぬ領域ではあろう。

[7] 山本純子・大澤留次郎「古典籍翻刻の省力化：くずし字を含む新方式 OCR 技術の開発」『情報管理』58、2016 〈doi:10.1241/johokanri.58.819〉

[8] 北本朝展・山本和明「人文学データのオープン化を開拓する超学際的データプラットフォームの構築」『じんもんこん 2016』2016 〈http://id.nii.ac.jp/1001/00176195/〉

［9］「くずし字チャレンジ！」『人文学オープンデータ共同利用センター』

http://codh.rois.ac.jp/kuzushiji-challenge/

［10］ rois-codh/kmnist: Repository for Kuzushiji-MNIST, Kuzushiji-49, and Kuzushiji-Kanji. *GitHub*.

https://github.com/rois-codh/kmnist

［付記］CODH 等は 2019 年 7 月 19 日から 10 月 14 日まで、世界最大規模の機械学習コンペのプラットフォームである Kaggle において、"Kuzushiji Recognition: Opening the Door to a Thousand Years of Japanese Culture"（「くずし字認識：千年に及ぶ日本文化への扉を開く」）と題して文字認識コンテストを開催するとのことである。今回は 1 字単位の認識精度を競うものとなっている。

　また PRMU でも 2019 年 5 月 31 日から 8 月 31 日まで「くずし字認識チャレンジ 2019」としてコンテストを実施しており、こちらは複数の文字を一度に認識する精度を競うものとなっている。

「Kaggle コンペティション：くずし字認識」『ROIS-DS 人文学オープンデータ共同利用センター』

http://codh.rois.ac.jp/competition/kaggle/index.html.ja

「第 23 回 PRMU アルゴリズムコンテスト「くずし字認識チャレンジ 2019」」

https://sites.google.com/view/alcon2019

【付録】パスファインダー　　221

パスファインダー

【付録】パスファインダー

■はじめに

　以下のパスファインダーでは、なるべく手に取りやすい本や論考を選びましたが、高価な専門の学術書しか現状で出ていないものも、紹介だけはしたいと思い掲載したものもあります。そのばあい、無料でインターネット上で閲覧できる論文もなるべく示すように努めました（雑誌論文は基本的にインターネット上で登録なしに閲覧可能です）。

　本書が連載されていた『人文情報学月報』は無料でさまざまな情報が手に入り、最初にお薦めします。

　〇人文情報学月報 / Digital Humanities Monthly

　　http://www.dhii.jp/DHM/

　以下に挙げられたすべてを知悉するのは不可能ですが、このうちのどれかだけを知っておけば済むものでもありません。パスファインダーは道しるべですので、あくまで、分かれ道がどれくらいあるか示すことに努めました。お手に取るのは必要に迫られたとき、興味を持ったときで結構ですが、リストの通読はしていただければと思っています。

■デジタル・コレクション

　デジタル・コレクションをどう作るかということを一般的に考えることは難しく、論著もあまり多くはないようです。個別事例に学びつつ、わが道を探し求めるのが現実的でしょう。デジタル・コレクションをなぜ作るのかや、一般化しやすい側面、法的な事柄や実際の構築作業などについては、以下の書が参考になります。

(1) 入門書

後藤ほかは使う側の入門です。渡辺は地域デジタル・アーカイブに特化した議論で、福井・吉見は国策としてデジタル・アーカイブへの傾注を提起し、現にあるアーカイブについて当事者に語らせた本です。柳はアーカイブ実務で分からなくなったときに足場を踏み固めるときに使えるかもしれません。

○後藤真・田中正流・師茂樹『情報歴史学入門』金寿堂、2009

○渡辺英徳『データを紡いで社会につなぐ：デジタルアーカイブのつくり方』講談社、2013

○福井健策・吉見俊哉（監修）『アーカイブ立国宣言：日本の文化資源を活かすために必要なこと』ポット出版、2014

○柳与志夫（編）『入門デジタルアーカイブ：まなぶ・つくる・つかう』勉誠出版、2017

○後藤真・橋本雄太（編）『歴史情報学の教科書　歴史のデータが世界をひらく』文学通信、2019

(2) 構築と活用

NPO 知的資源イニシアティブと岡本・柳は前掲の柳より考え方や背景の説明がくわしく組み立てを考えるときに。岡本はデジタル・アーカイブ構築の実践報告です。永崎は、この枠に収まるものではありませんが、資金の調達などにも参考になるのでここに置きました。

○ NPO 知的資源イニシアティブ（編）『アーカイブのつくりかた：構築と活用入門』勉誠出版、2012

○漢字文献情報処理研究会（編）『人文学と著作権問題：研究・教育のためのコンプライアンス』好文出版、2014

○岡本真・柳与志夫（編）『デジタル・アーカイブとは何か：理論と実践』勉誠出版、2015

○岡本剛明「京都府立総合資料館の東寺百合文書：デジタル化とWeb 公開に向けた取り組みを通じて」『情報管理』59、2016

○永崎研宣「大学図書館とデジタル人文学」『大学図書館研究』104、

【付録】パスファインダー 223

2016

○水嶋英治・谷口知司・逸村裕（編）『デジタルアーカイブの資料基盤と開発技法：記録遺産学への視点』晃洋書房、2016

○古賀崇「総論：日本におけるデジタルアーカイブのゆくえを探る：国際的動向を踏まえた、「より深い利用」に向けての展望」『情報の科学と技術』67、2017

○日本展示学会『展示学事典』丸善出版、2019

○福井健策（監修）『権利処理と法の実務』勉誠出版、2019

○永﨑研宣『日本の文化をデジタル世界に伝える』京都大学人文科学研究所・共同研究班「人文学研究資料にとっての Web の可能性を再探する」（編）、樹村房、2019

■ セマンティックウェブ

　デジタル・アーカイブにかかわる技術のなかで、人文学的にもっとも重要な側面にセマンティック・ウェブがある、といえば仰々しいのですが、コンピューターが処理可能（機械可読）な形式で、内容にかかわるデータを持つことがセマンティック・ウェブの要点といえます。そのデータの持ち方のひとつがリンクト・データで、またそのデータを複雑な形式でも検索可能にするのが SPARQL（スパークル）です。最近メタデータの富化が重視されていることもあり、普及を見せはじめているといえましょう。セマンティックウェブは、ウェブのアイディアを作り上げたバーナーズ＝リーが提唱したものです。セマンティックウェブを一般向けに説明した書籍はまだまだ少ないようです。以下、若干硬めな内容ではありますが、技術的な解説を示しておきます。

○神崎正英『セマンティック・ウェブのための RDF/OWL 入門』森北出版、2005

○ Toby Segaran, Colin Evans, Jamie Taylor『セマンティック Web プログラミング』玉川竜司（訳）、オライリー・ジャパン、2010

○トム・ヒース、クリスチャン・バイツァー『Linked Data：Web をグ

ローバルなデータ空間にする仕組み』武田英明（監訳）、近代科学社、2013

○加藤文彦・川島秀一・岡別府陽子ほか『オープンデータ時代の標準Web API：SPARQL』インプレス R&D、2015

○谷口祥一・緑川信之『知識資源のメタデータ』第 2 版、勁草書房、2016

○兼岩憲『セマンティック Web とリンクトデータ』コロナ社、2017

■オープン・データという思想

本書では、オープンなものを称揚してきました。そもそも、なぜオープンが望ましいのか、アイディアを展開するものをいくつか挙げておきます。

○ローレンス・レッシグ『コモンズ』山形浩生（訳）、翔泳社、2002

○ドミニク・チェン『フリーカルチャーをつくるためのガイドブック：クリエイティブ・コモンズによる創造の循環』フィルムアート、2012

○「特集：オープンデータ」『情報の科学と技術』65（12）、2015

○ 大澤剛士「オープンデータがもつ「データ開放」の意味を再考する：自由な利用と再利用の担保に向けて」『情報管理』60、2017

■ コレクション形成・図書館史

デジタル・コレクションとしてまさに提示されようとしているものは、かならずだれかが集めたものです。その本は、どのような由来で、どのような意図で集められ、どのように読まれてきたのでしょうか。「優品主義」を離れてコレクションを成り立たせる全体を見渡すことで、それをデジタル・コレクションとして提示する行為があらためて明らかになります。どうしてもケース・スタディーズ的になりがちでもあるため、幅広く紹介します。

○酒井茂幸『禁裏本歌書の蔵書史的研究』思文閣出版、2009

○冷泉為人『冷泉家・蔵番ものがたり：「和歌の家」千年をひもとく』日本放送出版協会、2009

○小川剛生「伏見院の私家集蒐集とその伝来について」『斯道文庫論集』48、2013

○一戸渉「金沢大学日本語学日本文学研究室所在古典籍目録稿」『金沢大学国語国文』38、2013

○嶋崎さや香「教育会図書館の社会的意義：滋賀県八幡文庫（1904～1909）を例に」『図書館界』67、2015

○ファンステーンパール・ニールス「近世読書研究の現状と課題：横田冬彦（編）『読書と読者』の書評として」『書物・出版と社会変容』2016

○横田冬彦（編）『読書と読者』平凡社、2015

○小山騰『ケンブリッジ大学図書館と近代日本研究の歩み：国学から日本学へ』勉誠出版、2017

○新藤透『図書館と江戸時代の人びと』柏書房、2017

○鈴木俊幸『近世読者とそのゆくえ：読書と書籍流通の近世・近代』平凡社、2017

○長友千代治『江戸庶民の読書と学び』勉誠出版、2017

○長尾宗典「新しい図書館史研究」『カレントアウェアネス』337、2018

■デジタル人文学

○家辺勝文『活字とアルファベット：技術から見た日本語表記の姿』法政大学出版局、2010

○ルー・バーナード、キャサリン・オブライエン・オキーフ、ジョン・アンスワース（編）『人文学と電子編集：デジタル・アーカイヴの理論と実践』松原良輔・野中進（訳）、慶應義塾大学出版会、2011

○楊暁捷・小松和彦・荒木浩（編）『デジタル人文学のすすめ』勉誠出版、2013

○石田友梨「イスラーム研究におけるデジタル・ヒューマニティーズの活用に向けて：シャー・ワリーウッラー『ハラマインの師たちの瞳孔』に基づく 17–18 世紀ハラマインの学者ネットワーク分析」『イスラーム地域研究ジャーナル』8、2016

○ベン・ブラット『数字が明かす小説の秘密：スティーヴン・キング、J・K・ローリングからナボコフまで』坪野圭介（訳）、DU BOOKS、2018

○下田正弘・永﨑研宣（編）『デジタル学術空間の作り方：仏教学から提起する次世代人文学のモデル』文学通信、2019

初出一覧

本書は、メールマガジン『人文情報学月報』（人文情報学月報編集室発行〈https://www.dhii.jp/DHM/〉、ISSN 2189-1621）の連載「Digital Japanese Studies 寸見」の 45 号（2015 年 4 月）掲載の第 1 回から 89 号（2018 年 12 月）掲載の第 45 回までの原稿をもとにしたものです。以下に、メールマガジン号数、連載回数、原題を記します。

ただし、第 11 回は、その後「木簡・くずし字解読システム―MOJIZO―」に関するレビューを加筆し、「「変体仮名あぷり」「くずし字学習支援アプリ KuLA（クーラ）」「木簡・くずし字解読システム―MOJIZO―」レビュー」（『リポート笠間』60 号、2016）として発表したものを元にしています。

No.045	第 1 回	「『笠間索引叢刊』が一部国文学研究資料館で公開に」
No.046	第 2 回	「ADEAC のアーカイブ追加：日本文化研究で小規模デジタル・アーカイブズをどう使うか」
No.047	第 3 回	「丸山眞男文庫草稿類デジタルアーカイブ公開」
No.048	第 4 回	「研究におけるクラウドソーシング：Rice and population in Asia: Japan's rice 1883-1954」
No.049	第 5 回	「英語による学術情報発信：人間文化研究機構の English Resource Guide for Japanese Studies and Humanities in Japan をもとに」
No.050	第 6 回	「倉のなかの灯火：九州大学附属図書館細川文庫のデジタル公開と蔵書目録」
No.051	第 7 回	「資料を世界につなぐ：ウィキメディア・プロジェクトからの思いめぐらし」
No.052	第 8 回	「変体仮名のユニコード登録作業はじまる」
No.053	第 9 回	「「国文研古典籍データセット（第 0.1 版）」公開」
No.054	第 10 回	「コレクション共有から拡がる展覧会、展覧会から拡がるコレクション共有―アムステルダム国立美術館で Breitner: Meisje in kimono 展が開催」
No.055	第 11 回	「スマートフォン向け日本の古文献手書き文字学習アプリが 2 種リリース」
No.056	第 12 回	「住所不定と参照性」
No.057	第 13 回	「リンクトデータでデジタル日本学はどこにつながってゆくのか」
No.058	第 14 回	「文字データベースの現在」
No.059	第 15 回	「宮内庁書陵部収蔵漢籍集覧―書誌書影・全文影像データベース」公開
No.060	第 16 回	「日本学におけるデータ共有？　オープンサイエンスというながれをまえにして」
No.061	第 17 回	「デジタルメディアで「古典日本文化」を学ぶ」
No.062	第 18 回	「ビジュアライゼーションとデータ：「近代書物流通マップ」に寄せて」

No.063	第 19 回	「市民がウィキペディアに係わる：ウィキペディアキャンパス in 北大に参加して」
No.064	第 20 回	「国文学研究資料館のデータベース利用規程改定で古典籍画像データが一挙にオープンに」
No.065	第 21 回	「国文研歴史的典籍オープンデータアイデアソンに参加して」
No.066	第 22 回	「ボランティアによるコラボレーションのありかた『みんなで翻刻』リリースに寄せて」
No.067	第 23 回	「W3C が Data on the Web Best Practices を公開」
No.068	第 24 回	「大阪市立図書館デジタルアーカイブで権利の切れた画像資料がオープンデータ化される」
No.069	第 25 回	「Adobe・Google、中日韓対応の明朝体フォントを公開」
No.070	第 26 回	「『コンピューターを通して解釈するということ』をめぐって」
No.071	第 27 回	「そこに橋はあるか？：いまどきのディジタル日本学への入門を考える」
No.072	第 28 回	「郷土資料と驚異の部屋」
No.073	第 29 回	「'*Rxiv' とプレプリントのこれから」
No.074	第 30 回	「京都大学電子図書館貴重資料画像データベースが新アーカイブに移行へ」
No.075	第 31 回	「青空文庫 20 周年記念シンポジウム印象記」
No.076	第 32 回	「人文学オープンデータ共同利用センターの『日本古典籍キュレーション』・『IIIF グローバルキュレーション』とつながったデータ」
No.077	第 33 回	「研究を助けるプログラミング：淺尾・李『言語研究のためのプログラミング入門：Python を活用したテキスト処理』に寄せて」
No.078	第 34 回	「国立国会図書館オンラインが公開」
No.079	第 35 回	「DH Awards 2017 出場作品に学ぶ」
No.080	第 36 回	「デジタル空間と公器としてのアーカイブ」
No.081	第 37 回	「『2018 Spring Tokyo Digital History Symposium ツイートまとめ』を読んで」
No.082	第 38 回	「島根大学附属図書館デジタル・アーカイブと近畿大学貴重資料デジタル・アーカイブ」
No.083	第 39 回	「国立公文書館が「地方公文書館等の主な明治期公文書等紹介ページ」を公開」
No.084	第 40 回	「国立歴史民俗博物館の khirin と聆涛閣集古帖」
No.085	第 41 回	「設立記念シンポジウムが催され HNG データセット保存会が発足」
No.086	第 42 回	「日本国内の IIIF リソースの発見サービス "IIIF Discovery in Japan" が開始」
No.087	第 43 回	「国立教育政策研究所教育図書館が貴重資料デジタルコレクションおよび明治期教科書デジタルアーカイブを公開」
No.088	第 44 回	「デジタル・コレクションを定位する」
No.089	第 45 回	「「くずし字データセット」と「KMNIST データセット」」

索引

［凡例］太字となっているページには、用語解説を付しています。

【あ】

アイディアソン　113, 115, 116

青空文庫　121, 156 〜 161

アジャイル開発　**139**

アムステルダム国立美術館　63 〜 66

インキュナブラ　**189**

ウィキソース　49, **50**, 121, 122

ウィキペディア　40, 47, 48, 51, 55, 74, 79, 105 〜 108, 135

ウィキペディア・タウン　48, 105, 107, 108

ウィキメディア・コモンズ　**47**, 49 〜 51, 105

ウィキメディア財団　47 〜 50

英語　19, 21, 39 〜 42, 65, 68, 69, 97, 98, 106, 140, 150, 173, 176, 181

永続的リンク　**32**, 112

遠読　169, **186**

大阪市立図書館　128, 130, 131, 213, 215

大阪大学　67, 68

オープン・サイエンス　93, 95, 96, 139

オープン・データ　47, 48, 51, 56, 57, 59, 63, 77, 93, 109 〜 113, 115, 116, 125, 127 〜 132, 153, 157, 195, 204, 208, 216, 224

オープンソースライセンス　132, 134

オンライン学習プラットフォーム　97, 99

【か】

学習支援　67, 68, 97

可視化　→ビジュアライゼーション

伽藍的　**122**

カリフォルニア大学ロサンゼルス校　67, 68, 73

漢字字体規範史データセット保存会　199, 201, 202

機械学習　49, 167, 181, 216, 218

九州大学　43 〜 45

驚異の部屋　145 〜 148

京都大学古地震研究会　119, 123

京都大学図書館機構　153, 155, 156

近畿大学図書館　188, 189

くずし字学習支援アプリ KuLA（クーラ）　67 〜 70, 120

宮内庁書陵部　89, 92

クラウド・ソーシング　34, 37, 38

クラウド・ソーシングプラットフォーム　**34**

グラフ　78, 79, 82

クリエイティブ・コモンズ　→ CC

慶應義塾大学　97, 98, 100, 156, 187, 214

慶應義塾大学附属斯道文庫　89, 97, 99

継続性　153, 157, 173, 175, 192, 199, 212

計量国語学会　**21**

研究資源　19, 29, 34, 83, 149

研究データ同盟（Research Data Alliance: RDA）　93, 96

研究方法　137, 141, 167

考古学　34, 35, 38, 179

国際化　39, 77, 132, 176

国文学研究資料館　19 〜 21, 44, 46, 56 〜 60,

69, 73, 90, 91, 101, 104, 109, 111 〜 114, 142,
144, 162, 163, 214, 216, 219
国文研古典籍データセット
→日本古典籍データセット
国立教育政策研究所教育図書館　208, 211
国立公文書館　185, 192 〜 194
国立国語研究所　21, 23, 68, 216, 218
国立国会図書館　173 〜 176, 190, 191, 208,
210, 215
国立歴史民俗博物館　195, 197, 198
古典学　43, 89, 185

【さ】
嵯峨本　**189**
シェル　**169**
自然言語処理　143, 167, 185, 186
自然災害　119
シチズン・サイエンス　19, 24, 47, 67, 105,
113, 119, 157, 177
島根大学附属図書館　188, 189, 191
ジャパンサーチ　82
シュプリンガー＝ネイチャー　93, 96
情報発信　39, 42, 113, 128, 145, 212
抄物　**189**
書誌学　46, 97, 99, 101
人権　181
人文学　19, 39, 40, 93, 94, 102, 138 〜 140, 144,
168, 169, 183 〜 187, 218, 219, 222, 223, 225
人文学オープンデータ共同利用センター
（ROIS-DS-CODH）　56, 60, 109, 114, 115,
162, 163, 165, 166, 214 〜 220
人文情報学　→デジタル人文学
じんもんそん　113, 116
図書寮（ずしょりょう）
→図書寮文庫（としょりょうぶんこ）
政府標準利用規約第 2.0 版（CC BY 互換）
196, 209

西洋美術　63, 162
草稿　29

【た】
地域資料　24, 128, 145, 147, 181, 188, 192, 195,
212, 213
地理情報システム　101
データ共有　82, 93 〜 96, 113, 124, 141, 149,
150
データセット　56 〜 60, 78, 80 〜 82, 87, 93,
109, 111, 113 〜 116, 124, 125, 141, 149,
162 〜 166, 199 〜 203, 216 〜 219
デジタル・キュレーション　63, 115, 116, 162
デジタル人文学（ヒューマニティーズ）　22,
67, 70, 78, 83, 93, 102, 104, 110, 123, 124,
137, 139, 141, 167, 177 〜 181, 183 〜 187,
204, 212, 222, 225
電子テキスト　52, 119, 137, 160, 177, 184, 212
電子化　19, 21, 22, 24, 25, 29, 34, 35, 37, 38, 43,
47, 50, 56, 63, 74, 89, 119, 128, 145, 153, 156,
157, 178 〜 181, 188, 195, 200, 201, 207, 208,
211 〜 213
電子くずし字字典　70, 72, 73, 84 〜 86, 88
東京女子大学　29
東京大学史料編纂所　67, 70 〜 73, 85, 207
統制語彙　78
トークナイザー　**205**
図書寮文庫（としょりょうぶんこ）　89 〜 92

【な】
長澤規矩也　**46**
奈良文化財研究所　67, 70, 71
日本古典籍くずし字データセット　114, 116,
216, 217, 219
日本古典籍字形データセット
→日本古典籍くずし字データセット
日本古典籍データセット　56 〜 60, 87, 109,
114, 116, 162 〜 164, 166, 202

日本語の歴史的典籍の国際共同研究ネットワーク構築計画　44, 46, 56, 57, 113
日本語歴史コーパス　**21**, 23
日本思想史　29
日本美術　162
日本文学　19, 20, 97, 101, 157
人間文化研究機構　19, 39, 40, 42
農耕文化　34

【は】

ハッカソン　**130**, 131, 159
バザール的　**122**
ビジュアライゼーション　78, 101 〜 104, 137, 177, 184, 186
標準化　52, 55, 166
品質保証　105, 149, 150
ファセット検索　**154**, 174
フォント　52, 54, 115, 132 〜 135
船橋市西図書館　145 〜 148
プライバシー　31, 129
プログラミング　137, 139, 143, 167 〜 170, 184, 223
文化資源　24, 43, 47, 56, 63, 89, 109, 112, 119, 145, 153, 177, 181, 188, 195, 208, 212
ヘルシンキ・コーパス　**21**, 23
変体仮名あぷり　67 〜 70
ボイジャー社　**158**
北海道大学附属図書館　105
翻刻　**24**, 25, 49, 50, 69, 90, 110, 119 〜 123, 146, 178, 180, 219

【ま】

みんなで翻刻　119, 120, 122, 123, 139, 180, 214
メタ情報　30, 43, 49, 50, 59, 74, 78, 82, 109, 124 〜 126, 128, 130, 131, 149, 150, 164, 173, 189, 204 〜 206, 223, 224
メタデータ　→メタ情報
文字情報　52, 83, 199, 216

木簡庫　73, 85
木簡字典　70 〜 72, 84 〜 86

【や】

屋代弘賢　**45**
楊暁捷　68, 100, 155, 156, 225

【ら】

量的（Quantitative）　102, 104, 141 〜 143
リンクト・（オープン・）データ　**58**, 74 〜 82, 87, 116, 125, 127, 130, 178, 179, 195, 196, 206, 223, 224
レンマ　**186**

【わ】

早稲田大学　67 〜 69

【A】

Adobe　90, 91, 132, 133, 135, 136
arXiv　149 〜 152, 219

【C】

CC（Creative Commons）　**22**, 57, 109, 110, 120, 123, 128, 129, 131, 189, 196, 224
ChemRxiv　149 〜 152
CHISE　83, 86, 87, 199 〜 201, 203
CiNii　**41**, 76, 77
CODH
　　　→人文学オープンデータ共同利用センター
CrossRef　**150**
Curation API　162, **163**, 165, 166

【D】

DBpedia　74, 78 〜 81, 195
DH（Digital Humanities）　→デジタル人文学
DOI（Digital Object Identifier）　**111**, 150
Dublin Core　**59**, 78, 81, 204, 206

【E】

e 文学　**180**

【F】

Figshare　149, 150, 152

Flash player **90**, 91, 179

FutureLearn 97, 98, 100

【G】

GitHub 161, 201, **218**, 220

GitLab **201**, 218

Google 26, 50, 132 〜 135, 151, 180, 183, 206

Google Books 25, 26, 28

Google Map 101 〜 104

【H】

HNG 83, 87, 199 〜 203

HNG データセット保存会
　　→漢字字体規範史データセット保存会

【I】

IIIF（International Image Interoperablility
　　Framework） **110**, 123, 153, 154,
　　162 〜 166, 188, 190, 191, 195, 197,
　　204 〜 207, 212, 214, 215

IIIF Curation Viewer 163, 164, 166

Internet Archive 25, 26, 28, 156

IRI（Internationalized Resource Identifier）
　　74 〜 77, **196**, 204

【J】

Japan Knowledge **20**

JIS（Japan Industrial Standards） **53**

【K】

kanaclassic 68, 100

【L】

LibreOffice **142**

LD、LOD（Linked (Open) Data）
　　→リンクト・(オープン・) データ

【M】

Mirador 154, 197

MOJIZO 67, 70 〜 72

MOOC（Massive Open Online Course）
　　97 〜 100

【P】

Perseus **185**

Presentation API **165**, 197

Project Gutenberg 121

Python 143, **167**, 168 〜 170, 185

【S】

Schema.org **206**

SEO **206**

SPARQL Endpoint **196**, 223

【T】

TEI（Text Encoding Initiative） 178, **185**

Tokyo Digital History 184, 187

TRC-ADEAC 24 〜 26, 28, 145, 146, 191

【U】

UCLA（University of California, Los Angeles）
　　→カリフォルニア大学ロサンゼルス校

UCL（University College of London） 34, 38

UI（User Interface） **173**, 176

ukiyo-e.org **41**

Unicode **52**, 53 〜 55, 77, 86, 218

Universal Viewer 154

URI → IRI

URL（Uniform Resource Locator） 28, 32, 74,
　　75, 111, 175, 176, 193, 196, 214

【V】

Voyant Tools 138, 140

【W】

W3C（World Wide Web Consortium） 58,
　　124, 125, 127

Web 2.0 **139**

word2vec **186**

【X】

XML 104, 185

デジタル日本学なるもの
── 後書きに代えて

　そもそものことの起こりは、『人文情報学月報』に時評をものせよとの依頼からであった。著者が見渡せる範囲で日本にかかわるデジタル人文学の時評をせよというのである。著者は、日本語学、特に文字史を専門としており、「国語国文」を超えた日本研究やデジタル人文学には余技的にしかかかわれていない。連載の委細は著者に委ねられ、実際の展開としては、浅学菲才の身に能うる限りにおいて文献を中心に日本の文化史に関する資料の公開とそのまとめ方をめぐる方法論を軸に連載を重ねてくることになった。

　そこで連載の題に選んだ Digital Japanese Studies は、あえて訳せばデジタル日本学ともなろうが、日本学全体に及ばないのはいうに及ず、文化史としても論じ漏らした対象が多いことをうらみとせざるを得ない。また、あらためて読み返すに、論述の幅が「日本」に縛られてしまっていることを痛感する。すなわち、あれこれいう批評の目が西欧と日本を対比するありきたりな日本文化論の範疇を出ておらず、周辺化されてしまった諸領域をおざなりにしたままということである。こういうときだけそのような領域の名を挙げるのも災いことで、今後少しずつでもあらためてゆければと思うが、時評という形態において、それをデジタルの視点からどのように論じるかはあらたなことばを必要としよう。

　本書は、連載の機会をいただいた『人文情報学月報』編集長で人文情報学研究所主席研究員の永崎研宣先生、また本書刊行を持ちかけていただいた文学通信の岡田圭介さんのおかげで実現したものである。怠惰な著者にこのような機会を与えてくださったことに深く感謝申し上げる。とりわけ、岡田さんは編集から組版まで手がけてくださり、画像の準備など、もとの味気ない文面を彩ってくださった。あらためて感謝申し上げる。妻の森貝聡恵には、よき読者として、また仕事の相談相手として、大きな刺戟と支えを受けた。ここに日ごろの感謝を述べて本書を終えることとしたい。

　2019 年 7 月

2050 年、2100 年になにを残せるか考えつつ　　　　岡田一祐

ネット文化資源の読み方・作り方

図書館・自治体・研究者必携ガイド

2019（令和元）年 8 月 10 日　第 1 版第 1 刷発行
2020（令和二）年 5 月 20 日　第 1 版第 2 刷発行

ISBN978-4-909658-14-2 C0020

著　者　　岡田一祐（おかだ・かずひろ）
1987 年神奈川県生まれ、千葉県育ち。国文学研究資料館古典籍共同研究事業センター特任助教（刊行時）。2015 年北海道大学大学院文学研究科博士後期課程修了、博士（文学）。北星学園大学非常勤講師、東京外国語大学アジア・アフリカ言語文化研究所特任研究員を経て、2020 年より北海学園大学人文学部講師。主要な論文に「明治検定期読本の平仮名字体」（『日本語の研究』10 巻 4 号、2014 年。2014 年度日本語学会論文賞、第 37 回新村出記念研究奨励賞受賞）、"Reorganising a Japanese calligraphic dictionary into a grapheme database: The case of Wakan Meien grapheme database" (JADH2016) など。

発行所　　株式会社 文学通信
　　　　〒 170-0002　東京都豊島区巣鴨 1-35-6-201
　　　　電話 03-5939-9027 Fax 03-5939-9094 メール info@bungaku-report.com　ウェブ http://bungaku-report.com

発行人　　岡田圭介

印刷・製本　　モリモト印刷

■ご意見・ご感想は以下から送ることも出来ます（QR コードをスマホで読み取ってください）。

※乱丁・落丁本はお取り替えいたしますので、ご一報下さい。書影は自由にお使い下さい。
ⓒ OKADA Kazuhiro

文学通信の本 ☞全国の書店でご注文いただけます

後藤真・橋本雄太編『歴史情報学の教科書 歴史データが世界をひらく』
ISBN978-4-909658-12-8 ｜ A5判・並製・208頁｜定価：本体1,900円（税別）｜ 2019.04月刊

はちこ『中華オタク用語辞典』
ISBN978-4-909658-08-1 ｜ 四六判・並製・232頁｜定価：本体1,700円（税別）｜ 2019.06月刊

長島弘明編『〈奇〉と〈妙〉の江戸文学事典』
ISBN978-4-909658-13-5 ｜ A5判・並製・552頁｜定価：本体3,200円（税別）｜ 2019.05月刊

飯倉洋一・日置貴之・真山蘭里編『真山青果とは何者か？』
ISBN978-4-909658-15-9 ｜ A5判・並製・272頁｜定価：本体2,800円（税別）｜ 2019.07月刊

叢の会編『江戸の子どもの絵本 三〇〇年前の読書世界にタイムトラベル！』
ISBN978-4-909658-10-4 ｜ A5判・並製・112頁｜定価：本体1,000円（税別）｜ 2019.03月刊

ビュールク　トーヴェ
『二代目市川團十郎の日記にみる享保期江戸歌舞伎』
ISBN978-4-909658-09-8 ｜ A5判・上製・272頁｜定価：本体6,000円（税別）｜ 2019.02月刊

白戸満喜子『紙が語る幕末出版史 『開版指針』から解き明かす』
ISBN978-4-909658-05-0 ｜ A5判・上製・436頁｜定価：本体9,500円（税別）｜ 2018.12月刊

海津一朗『新 神風と悪党の世紀 神国日本の舞台裏』
日本史史料研究会ブックス 002
ISBN978-4-909658-07-4 ｜ 新書判・並製・256頁｜定価：本体1,200円（税別）｜ 2018.12月刊

染谷智幸・畑中千晶［編］『全訳　男色大鑑〈武士編〉』
ISBN978-4-909658-03-6 ｜ 四六判・並製・240頁｜定価：本体1,800円（税別）｜ 2018.12月刊

西法太郎『三島由紀夫は一〇代をどう生きたか』
ISBN978-4-909658-02-9 ｜ 四六判・上製・358頁｜定価：本体3,200円（税別）｜ 2018.11月刊

西脇 康［編著］『新徴組の真実にせまる』
日本史史料研究会ブックス 001
ISBN978-4-909658-06-7 ｜ 新書判・並製・306頁｜定価：本体1,300円（税別）｜ 2018.11月刊

古田尚行『国語の授業の作り方 はじめての授業マニュアル』
ISBN978-4-909658-01-2 ｜ A5判・並製・320頁｜定価：本体2,700円（税別）｜ 2018.07月刊

前田雅之『なぜ古典を勉強するのか 近代を古典で読み解くために』
ISBN978-4-909658-00-5 ｜ 四六判・上製・336頁｜定価：本体3,200円（税別）｜ 2018.06月刊